Lt-COLONEL
HENNEBERT
Chevalier de l'Ordre
de Sainte-Anne de Russie.

L'AIGLE RUSSE

JOUVET & Cie, ÉDITEURS

L'AIGLE RUSSE

Paris. — Typ. du MAGASIN PITTORESQUE. — (E. Best).

Lt-COLONEL
HENNEBERT
Chevalier de l'Ordre de Sainte-Anne de Russie

L'AIGLE RUSSE

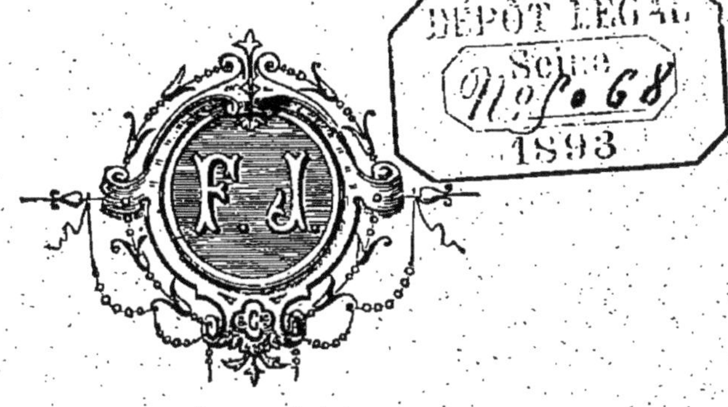

PARIS
LIBRAIRIE FURNE
JOUVET & Cie, ÉDITEURS
5, RUE PALATINE, 5

[illegible]

[illegible]

[illegible]

[illegible]

[illegible]

[illegible]

L'AIGLE RUSSE

I

QUESTION D'ALLIANCE.

Ils ne sont pas d'hier, tant s'en faut, les projets d'une alliance franco-russe. L'idée en remonte au temps du tsar Mikhaïlowitch qui dépêcha successivement à Louis XIV : en 1653, un certain Matchékine; en 1668, le boïar Pierre Ivanovitch Potemkine, l'aïeul du favori de l'impératrice Catherine II. Le résultat de ces deux visites se réduisit à un simple échange de politesses.

Ultérieurement, lors de son premier voyage en Europe (1697), Pierre-le-Grand s'était proposé d'aller en personne offrir son amitié au Roi-Soleil, mais il dut renoncer au plaisir de venir en France; le roi, dit Saint-Simon, «l'en fit honnêtement détourner.»

Une quinzaine d'années plus tard, en 1711, Pierre avait derechef tenté de l'unir à nous. Grégoire Volkov, son envoyé extraordinaire, était à cet effet venu dans notre pays, mais sa mission n'eut aucun succès, à raison des préjugés d'une foule de courtisans incapables d'avoir aucune intuition un peu bien nette de l'avenir.

Après la mort de Louis XIV, le tsar résolut d'entreprendre enfin le voyage de Versailles dont il rêvait depuis longtemps. Zotov, son agent accrédité à la cour de France, lui faisait part des bonnes dispositions du régent; aussi se flattait-il de l'espoir de contracter avec nous une solide alliance, peut-être de marier sa fille Élisabeth au jeune roi Louis XV. « Le tsar, dit Saint-Simon, « avait une passion extrême de s'unir à la France. « Rien ne convenait mieux à notre commerce, à « notre considération dans le nord, en Alle- « magne et par toute l'Europe. Ce prince tenait « l'Angleterre en brassière par le commerce; et « le roi Georges, en crainte pour ses États d'Alle- « magne. Il tenait la Hollande en grand respect « et l'empereur en grande mesure. On ne peut « nier qu'il ne fît une grande figure en Europe « et en Asie, et que la France n'eût infiniment « profité d'une étroite alliance avec lui. »

Malheureusement, « ensorcelé » qu'il était par l'abject abbé Dubois, agent secret de l'Angleterre, le régent commit la faute de ne point répondre aux ouvertures de Pierre-le-Grand (1) et

(1) Il intervint cependant alors une sorte de traité d'amitié. Préparé à Paris par le maréchal de Tessé, conclu à Amsterdam le 15

Pierre, après qu'on l'eut fait quelque temps « voltiger », se mit en rapport avec une puissance moins dédaigneuse que la nôtre. Ce sont des allemands qui, à notre place, se chargèrent du soin d'initier les Russes aux fins mystères de la civilisation occidentale. La faute du régent est donc impardonnable et l'on comprend que Saint-Simon l'en ait blâmé. « On a, dit-il, eu lieu d'un « long repentir des funestes charmes de l'An-« gleterre et du fol mépris que nous avons fait « de la Russie. »

C'est à cette époque, en effet, que les allemands ont envahi en Russie tous les postes de l'État; leur domination tyrannique y a duré plus d'un siècle. Cependant le règne d'Élisabeth Petrovna fut témoin d'une réaction violente contre le pouvoir exorbitant que s'étaient arrogé d'insolents étrangers. Les relations diplomatiques, depuis assez longtemps rompues, furent renouées entre les cours de Pétersbourg et de Versailles; une *correspondance secrète* s'échangea entre l'impératrice et le roi Louis XV, et l'on put croire un instant qu'un rapprochement intime allait s'opérer entre la France et la Russie émancipée du joug germanique. Mais l'affaire n'eut pas de suite;

août 1717, ce traité fut revêtu des signatures de Pierre-le-Grand et de M. de Châteauneuf, ambassadeur de France.

L'Histoire ne dit pas qu'il ait sorti d'importants effets.

et ce, grâce aux misérables intrigues de la néfaste Pompadour.

Ultérieurement, à la veille de la Révolution, les gouvernements de Louis XVI et de Catherine II entamèrent d'actives négociations en vue d'une quadruple alliance à intervenir entre la Russie, la France, l'Autriche et l'Espagne. Dans l'esprit des futurs contractants, cette combinaison devait avoir pour but de maintenir dans de justes limites les prétentions maritimes de l'Angleterre et les audacieux empiétements de la Prusse. Ces souverains étaient dans le vrai, car anglais et prussiens sont pour tous les États européens des ennemis publics. Les événements de 89 entravèrent malheureusement l'exécution de leurs desseins; dès le jour de la prise de la Bastille, Catherine comprit qu'elle n'avait plus à compter sur la France.

Telles sont les premières tentatives d'alliance. Le commencement de notre dix-neuvième siècle allait en voir quelques autres se prononcer d'une manière sérieuse.

C'est d'abord l'empereur Paul Ier qui, séduit par le général Bonaparte, s'entend avec lui pour réaliser le « Grand projet » consistant à renverser dans les Indes l'inique domination anglaise.

Les forces expéditionnaires étaient appelées à

suivre deux voies distinctes. Une armée russe, placée sous les ordres de Knorring et appuyée par l'ataman des Cosaques du Don, devait marcher sur le Haut-Indus par Khiva et Boukhara. Une armée française, forte de 35,000 hommes commandés par Masséna, avait reçu mission de descendre le Danube, de traverser la mer Noire, de remonter le Don, de passer dans la Volga et de la descendre jusqu'à Astrakhan. De là, les Français devaient traverser la Caspienne et se rendre à Astérabad pour y opérer leur jonction avec 35,000 Russes. Ces forces combinées se fussent alors portées sur le Haut-Indus par Hérat et Kandahar pour attaquer vigoureusement les anglais. Le *grand projet*, minutieusement étudié en tous détails, avait quelque chance de succès.

L'Angleterre atterrée ne fut sauvée du péril que par un événement tragique, l'assassinat de Paul Ier. On a prétendu qu'elle était l'âme de la conjuration, et le fait n'a rien d'invraisemblable.

Alexandre Ier, qui succéda à Paul Ier son père, commence par inaugurer à l'extérieur une politique nouvelle ; mais, trahi par le sort des armes, il se rapproche de Napoléon. Le 22 juin 1807, les deux empereurs ont une entrevue à Tilsitt. Sur le célèbre radeau du Niémen l'Aigle française flotte au vent, côte à côte avec l'Aigle russe aux ailes largement éployées. Là, se consentent trois importants traités : l'un, consacrant la déchéance de la Prusse ; l'autre, *secret* ; le troisième, dit *traité d'alliance offensive et défensive*. Celui-ci stipule, entre autres clauses, qu'un *ultimatum* sera adressé à l'Angleterre à la date du 1er novembre et que, s'il n'y est pas fait droit, la guerre lui sera déclarée par la Russie le 1er décembre suivant.

Les ennemies publiques du repos de l'Europe, — l'Angleterre et la Prusse — étaient donc terrassées. Napoléon avait trouvé la bonne voie. Pourquoi ne l'a-t-il point persévéramment suivie ? Comment ne s'est-il point attaché à ménager, à garder fidèlement l'alliance russe ? D'où vient qu'il ait eu la déplorable idée d'entreprendre la campagne de 1812 ? C'est que l'âme étonnante de cet homme était mal équilibrée et que, comme le dit fort bien Thiers, il a fait la guerre avec son génie ; la politique, avec ses passions.

La Russie vécut en assez bons termes avec le gouvernement de la Restauration, et Charles X put, jusqu'à certain point, se dire l'allié de Nicolas Ier.

Le fait de la Révolution de juillet changea notablement les dispositions de l'empereur à notre égard ; ses rapports avec Louis-Philippe ne furent que froissements, tracasseries, outrages à peine déguisés.

La Révolution de 1848 eut le don d'exaspérer Nicolas et de lui faire concevoir, en même temps, des illusions étranges. « J'ai foi, disait-il, en la sa-« gesse de Louis-Napoléon. » Foi vite trompée, espérances bientôt réduites à néant!... car le souverain que se donna la France était l'ami de l'Angleterre, de cette Angleterre dont le captif de Sainte-Hélène avait jadis démasqué l'ambition effrénée et dénoncé au monde la male perfidie.

De là, au profit des anglais, la guerre de Crimée.

Quelle faute !

En dépit d'une pléiade de souvenirs amers, la politique de l'empereur Alexandre II vis-à-vis de nous porta d'abord l'empreinte d'un grand cachet de modération et même d'aménité. C'est ainsi que, en 1860, la Russie prêta franchement son concours à Napoléon III qui, faute de cet appui précieux, n'aurait pu ni résoudre la question de Syrie, ni annexer au territoire français le comté de Nice et la Savoie.

La réconciliation est dès lors complète; les deux gouvernements s'entendent et semblent disposés à marcher de conserve. Mais la perfide Albion est toujours là qui veille... elle s'inquiète d'un tel rapprochement. Quoi! l'Aigle impériale russe serait sœur de l'Aigle française! Oh! non jamais! Que fait alors la diplomatie britannique? Elle suscite, en 1863, une insurrection en Pologne et parvient à compromettre la France, en l'entraînant dans une action absurde, exercée contre la Russie. De là, fatalement, advient un refroidissement glacial entre Paris et Pétersbourg.

Cependant, au lendemain de la journée de Sadowa, la diplomatie russe perçoit clairement le péril qui menace la sécurité du continent et, craignant de voir s'effondrer l'œuvre des traités de Westphalie, respectée même en 1815, elle saisit le gouvernement français de ses craintes déjà trop justifiées.

« Ensorcelé » hélas! comme l'avait jadis été la Régence, notre malheureux gouvernement oppose des fins de non-recevoir aux propositions qui lui sont faites.

« Non seulement, dit le général Le Flô (1), « non seulement, en 1867, lors du voyage de l'em- « pereur Alexandre II à Paris, des ouvertures qui « devaient amener une alliance ont été faites au « cabinet français qui les a déclinées ou n'a pas « voulu les comprendre; mais, en 1869 encore, « il eût été possible de s'entendre. » Or Napo-

(1) Lettre du général Le Flô, notre ambassadeur à Pétersbourg, en date du 3 septembre 1871.

léon III n'entendit rien; il n'eut d'oreilles que pour les conseils intéressés de l'Angleterre. Que fit alors la Prusse? Elle s'empressa de profiter de notre aveuglemeut. Circonvenu par M. de Bismarck, qui sut habilement exploiter l'attache des liens de parenté, le tsar se laissa extorquer une promesse écrite de renoncer à toute intervention en faveur de la France au cours d'une lutte où celle-ci aurait pris le rôle d'agresseur. Or provoquer une agression, se faire déclarer officiellement la guerre, ce n'était là qu'un jeu d'enfant pour l'honnête « chancelier de fer. »

« Le prince Gortchakoff, dit à ce propos M. de « Faverney (1), le prince a un esprit beaucoup « trop élevé pour ne pas se rendre compte de la « faute qui a été commise en 1870, lorsque l'em- « pereur, en condamnant l'Autriche à l'inaction, « a permis à M. de Moltke de dégarnir la fron- « tière de Galicie et de jeter, dès le début de la « guerre, toutes les forces de l'Allemagne sur la « France. Il m'a dit souvent qu'il n'avait pas été « consulté et que l'empereur Alexandre II s'était « engagé envers le roi Guillaume par une lettre « privée. »

Faute énorme dont les conséquences sont éminemment regrettables!... Elle a, cette faute, « dé-

(1) Lettre du comte de Faverney, gérant de l'ambassade de France à Pétersbourg, en date du 21 juin 1874.

« terminé au centre de l'Europe la constitution « d'une puissance qui reste une menace per- « manente et une cause de ruine pour tous les « États (1). »

L'empereur Alexandre II a dû, plus d'une fois, se dire qu'il était tombé dans un piège adroitement tendu par des sycophantes et, silencieusement, déplorer son erreur, mais son fils — aujourd'hui S. M. l'empereur Alexandre III — ne se croyait pas tenu de faire mystère de ses appréciations personnelles à cet égard. « Nous aurons « pour nous la Russie du futur règne, disait dès « 1871 M. de Gabriac (2), le Grand-Duc héritier « et toute sa cour ne dissimulant pas leurs ten- « dances en notre faveur.

« Il circule, à ce sujet des anecdotes caracté- « ristiques.

« Ainsi, au palais Anitschkoff, une amende de « 50 kopecks (3) est imposée à toute personne « qui, oublieuse de la consigne édictée par Leurs « Altesses Impériales, prononce devant Elles un « mot d'allemand. »

S. M. l'empereur Alexandre III a tenu la pa-

(1) Dépêche du général Le Flô, du 18 mars 1876.

(2) Lettre du marquis de Gabriac, notre chargé d'affaires à Pétersbourg, en date du 14 mai 1871.

(3) Le kopeck russe vaut environ quatre centimes de notre monnaie. L'amende dont il s'agit était donc de deux francs.

rôle que s'était donnée le Grand-Duc. Il a su montrer aux Français que les sphères gouvernementales de Pétersbourg ne se laissent plus traverser par le plus mince courant allemand; que le sentiment national dont il est l'auguste personnification préside seul maintenant aux destinées de la Russie.

Il n'en a pas été toujours ainsi : « Le gouver-« nement allemand, écrivait il y a vingt ans « M. Bartholdi (1), exerce sur l'empereur Alexan-« dre II une surveillance incessante, à laquelle il « se soumet par amour pour la paix. Il ne peut « pas faire un pas sans être accompagné de « l'ambassadeur ou d'un aide-de-camp de l'em-« pereur d'Allemagne. »

Avec une rare énergie de caractère, S. M. Alexandre III a secoué ce joug insupportable. Or cet acte de haute indépendance a déchaîné contre Lui toutes les fureurs de la némésis prussienne. « Que de calomnies, dit M. Flourens (2), « que d'injures, de perfidies n'a-t-il pas valu à « son auteur ! La presse reptilienne s'est plu à « le représenter comme un incapable, comme un « fou furieux, comme un illuminé. C'était un « tyran, obligé, pour échapper au juste ressen-

(1) Lettre du 20 août 1873. — M. Bartholdi était alors gérant de l'ambassade de France à Pétersbourg.

(2) *La France à Moscou*, — Paris 1891.

« timent de ses sujets, de se cacher derrière les « innombrables enceintes du palais de Gatchina.

« Ceux qui ont pénétré dans ce palais de Gat- « china savent pourtant qu'il ne respire que les « douces joies de la famille et du devoir cons- « ciencieusement accompli; qu'il n'est entouré « d'autre enceinte que celle de l'amour de cent « millions de sujets unis par la langue, par la « foi, et incapables de séparer, dans leur dévoû- « ment sans bornes, la Patrie de son auguste « Chef.

« Ils savent qu'en face de la politique alle- « mande, qui a assombri et ensanglanté la fin du « dix-neuvième siècle, il se prépare, dans les « labeurs incessants d'un cerveau puissant, une « autre politique fondée sur le respect des trai- « tés et des droits de l'humanité, sur la justice « et la bonté.

« Ils savent combien cette politique est puis- « samment servie par le génie d'une femme qui « unit une grande fermeté à une grâce pleine « d'enjouement et qui, adorée à l'envi par son « mari et par son peuple, est pour l'un la plus « dévouée des compagnes; pour l'autre, la plus « tendre des mères. »

Ces lignes, si bien ciselées, de notre ancien ministre des Affaires étrangères ont trouvé de l'écho dans tous les cœurs français.

Donner à la Russie des témoignages de solide amitié, n'est-ce pas, d'ailleurs, pour nous affaire de gratitude?

En 1815, n'est-ce pas l'empereur Alexandre Ier qui — seul — à l'encontre des autres membres de la coalition, s'est énergiquement opposé au démembrement de la France? N'est-ce pas à lui que notre pays dut alors son salut?

Nous avons dit plus haut d'où vient que l'empereur Alexandre II nous ait abandonnés en 1870 et laissé dévorer par la Prusse. Au cours de cette année terrible, en dépit des fautes de notre second Empire, le peuple Russe se prononça pour nous. » L'excès de nos maux, écrivait à ce « sujet M. de Gabriac (1), a fait revivre les sym-« pathies naturelles qui subsistent entre les deux « pays. Malgré la guerre de Crimée et surtout « notre intervention diplomatique en faveur de « la Pologne, que l'on ne nous a pas encore par-« donnée, on nous a plaints...

— « ... Dans les classes moyennes et infé-« rieures le mouvement en notre faveur est una-« nime.

« Le Comité français de secours aux blessés « reçoit des sommes considérables.

« Je citerai de touchants détails.

(1) Lettres du marquis de Gabriac, des 21 octobre 1870 et 14 mai 1871.

« De pauvres gens, ne pouvant nous donner « d'argent, nous ont offert des secours en na- « ture.

« A Pétersbourg, tout le quartier des petits « marchands a contribué à notre œuvre avec un « enthousiasme qui a été remarqué en haut « lieu.

« A Moscou, les souscriptions ont été aussi « fort nombreuses et j'ai reçu une adresse de « 1500 étudiants m'exprimant, au nom de leurs « collègues et de l'immense majorité de la popu- « lation, leurs sympathies pour la France. »

A quelques années de là (1875), M. de Bismarck disait au prince Orlov, alors de passage à Berlin : « La France réorganise trop vite « son armée, personnel et matériel. Nous nous « donnerons une garantie, une place de sûreté. « Nous occuperons Nancy. » Ayant conscience de n'avoir qu'à demi abattu l'ennemi héréditaire, l'Allemagne se préparait à nous attaquer derechef. Brusquer une entrée en France ; investir Paris ; prendre solidement position sur le plateau d'Avron ; imposer un nouveau traité *restituant* (!) Belfort à l'Allemagne et limitant le chiffre des effectifs de notre armée active ; frapper le vaincu d'une nouvelle contribution de guerre de dix milliards payable en vingt ans, avec intérêts à 5 0/0 et sans faculté de paiement par anticipation, tel était le plan de nos aimables voisins de l'Est.

La menace était sérieuse. Le maréchal de Mac-Mahon s'attendait chaque jour à quelque agression *ex abrupto*, sans déclaration de guerre, sans *ultimatum* préalable.

Nous n'avons échappé au danger que grâce à l'intervention de la Russie.

L'empereur Alexandre, II disait alors au général Le Flô, notre ambassadeur à Pétersbourg :

— « Que peuvent-ils vous reprocher à Berlin?
« Votre conduite est à l'abri de toute critique. »

— « L'unique grief que l'on fait valoir contre « nous, répondait le général, est l'opiniâtre « espoir que nous conservons de recouvrer un « jour l'Alsace et la Lorraine et le peu de ga- « rantie qui en résulte, selon les allemands, « pour le maintien d'une paix qui n'est, à leurs « yeux, qu'une trêve. »

— « Ah! quant à cela, ils n'ont pas le droit « de se plaindre. On ne saurait vraiment vous « reprocher de nourrir au fond du cœur une « semblable espérance et, si j'étais français, je « la garderais comme vous. »

Et, mû par de hauts sentiments d'honnêteté et de justice, l'empereur s'est franchement interposé entre les agresseurs et nous.

Alexandre II et le prince Gortchakov se sont ainsi créé des droits éclatants à notre reconnaissance. « Il est impossible, disait à ce moment « M. le duc Decazes, de ne pas être frappé de la « prudence et du soin avec lesquels la Russie a « préparé à Londres et dans le reste de l'Europe « tout ce qui pouvait assurer le succès de ses « démarches à Berlin. »

Ultérieurement, en 1886-87, si l'affaire Schnœbelé ne nous a pas amené la guerre, nous le devons uniquement aux bons offices de S. M. Alexandre III. Le comte Mouraviev, conseiller à l'ambassade russe de Berlin, fut alors chargé du soin de remettre à Guillaume Ier une lettre autographe de son maître, lettre par laquelle l'empereur de Russie adjurait l'empereur d'Allemagne de clore, au plus tôt, l'incident.

Vers la même époque, le cabinet de Berlin nous prêchait obligeamment l'expansion coloniale et nous incitait à disséminer nos forces, à les jeter à l'aventure en des expéditions lointaines.

Il n'y avait point là matière à une intervention diplomatique et la situation ne comportait de la part du gouvernement russe ni appui, ni aide efficace; mais son amitié se fit scrupule de nous laisser livrés à nous-même. Il nous donna d'utiles encouragements et des conseils frappés au coin de la sagesse. L'empereur disait alors au général Chanzy, notre ambassadeur :

« La France est appelée à choisir.

« Elle peut, satisfaite de la situation maté-
« rielle qui lui a été maintenue, en arriver,
« comme l'Autriche, sinon à oublier ses plaies,
« du moins à s'y habituer, laissant ses vainqueurs
« achever l'œuvre entreprise, et qu'ils n'ont
« plus qu'à consolider pour devenir les arbitres
« du sort de l'Europe. Dans cette voie, vous ren-
« contrerez de la part de vos anciens adversaires
« d'autant plus d'intérêt et de courtoisie que
« vous leur céderez davantage, et que vous com-
« plèterez ainsi votre impuissance et votre iso-
« lement.

« Vous pouvez, au contraire, aspirer à repren-
« dre dans le groupement des grandes puissan-
« ces la position que vous occupiez avant 1871.
« Il dépend de vous, de la sagesse de votre poli-
« tique intérieure de vous réserver en Europe un
« terrain ouvert et favorable aux alliances qu'il
« pourra être plus tard de votre intérêt de con-
« tracter. Envisagez alors l'avenir sans inquié-
« tude. Soyez certains qu'il vous réserve des
« dédommagements dont l'heure viendra, si vous
« savez l'attendre sans impatience, sans défail-
« lance. »

On voit que, sous tous rapports, nous n'avons

jamais eu qu'à nous louer des procédés de la Russie. Sceller avec elle un pacte d'amitié c'est, pour nous, répétons-le bien haut, acquitter une dette de reconnaissance.

Ce serait aussi combler le plus cher de nos vœux, car il nous séduit naturellement, ce projet d'alliance qu'un doctrinaire se permettait naguère de traiter d' « ineptie. » Le mot est vif, si vif qu'il a valu à son auteur une assez bonne volée de bois vert. Traiter d'ineptie une idée chère à trente-huit millions de Français; au cœur de tout un peuple que son instinct a rarement trompé, et qui a si souvent payé de son sang les lourdes fautes commises par des pédants égarés dans la diplomatie, c'est assurément risquer une parole téméraire. Le peuple n'étudie pas les travaux archéologiques de la très savante Allemagne, mais il n'a rien perdu, pour cela, de son bon sens traditionnel, le vieux bon sens pratique du bon La Fontaine. Il est, dans sa propre cause, plus avisé, plus clairvoyant que les académiciens qui prétendent lui faire admettre des théories d'école — lesquelles sont, d'ailleurs, parfaitement surannées.

Rien de plus populaire en France que la séduisante perspective d'une alliance franco-russe. On se rappelle le prodigieux succès qu'ont eu chez nous les représentations du drame militaire de *Skobelev*.

En voici le pendant : « J'ai vu, disait il y a « quelque temps M. Drumont, j'ai vu des prolé- « taires pleurer d'attendrissement à une pièce « que l'on jouait à l'Alhambra des Batignolles. « Cela s'appelait l'*Alliance russe ou l'Enfant des* « *Batignolles*. Il y avait là-dedans une scène avec « un cocher et l'on applaudissait à outrance.

« — Cocher!... cocher!... dix francs pour aller « à l'Exposition!...

— « Flûte!

— « Cocher, quinze francs!...

— « J'vas relayer...

— « Voyons, cocher, prenez-moi... je suis « russe.

— « Vous êtes russe?... Alors, c'est à l'œil!...

« Hue, cocotte!... »

Ce dialogue ne manque vraiment pas de saveur.

D'où vient donc cette popularité de bon aloi? De ce qu'il existe entre les Slaves et nous de mystérieuses affinités de caractère d'où naissent irrésistiblement de profondes sympathies.

On n'a pas oublié, par exemple, les procédés aimables, pour ne pas dire amicaux, dont les officiers russes usaient envers les officiers français — et réciproquement — au cours du siège de

Sébastopol. Assiégeants et assiégés rivalisaient alors de courtoisie; ils s'estimaient, se respectaient, se traitaient mutuellement en frères d'armes, témoin la scène qui se passait régulièrement lors de chaque armistice pour l'enterrement des morts, et dont voici le type, brossé de main de maître :

« Sur nos bastions, écrit Tolstoï (1), sur nos « bastions et dans les tranchées françaises flotte « le drapeau blanc. Dans la vallée émaillée de « fleurs gisent entassés, déchaussés, vêtus de « bleu ou de gris, des corps mutilés qu'emportent des travailleurs pour les charger sur des « charrettes. Quelles émanations cadavériques! « L'air en est infecté. »

Voilà le décor.

Maintenant l'entrée en scène :

« De Sébastopol et du camp français, afflue « une masse de monde... C'est avec une curiosité « bienveillante que les adversaires se rencontrent sur ce terrain neutralisé. »

Notons ce qu'ils vont dire :

« Voici un fantassin russe à la mine dégourdie, « respirant la gaieté et la curiosité. Accompagné « de deux camarades, les mains derrière le dos, « il s'approche d'un zouave auquel il demande « du feu.

(1) *Souvenirs de Sébastopol.*

« Celui-ci secoue et tend son brûle-gueule.

— « *Tabac bonn!...* dit le soldat russe.

— « Oui, bon tabac!... tabac turc. Et chez vous « autres, tabac russe bon?

— « *Rouss bonn! Français pas bonn! Bonn « jour, Mousiou!* »

Ici deux officiers se rencontrent auprès d'un tas de cadavres auxquels ils vont rendre les derniers devoirs. Écoutons leur court entretien:

— « Quelle triste besogne nous faisons là!... « Çà chauffait dur cette nuit, n'est-il pas vrai, « monsieur?

— « Oh! monsieur, c'est affreux!... Mais quels « gaillards que vos hommes!... On a plaisir à « se battre avec des gens comme çà!

— « Mais, monsieur, je crois que les vôtres « ne se mouchent pas non plus du pied. »

Là, dans un autre groupe d'officiers, un jeune sous-enseigne russe examine avec intérêt la giberne d'un de nos grenadiers.

— « Et ceci, demande-t-il, pourquoi?... pour- « quoi ce oiseau là?

— « Parce que c'est une giberne d'un régi- « ment de la Garde; monsieur. Elle porte l'aigle « impériale.

— « Et vous, monsieur, de la Garde?...

— « Non, monsieur, du 6me de ligne.

— « Et ceci... où acheté? reprend l'officier russe « en montrant le petit tube en bois dans lequel « est encastrée la cigarette du français.

— « A Balaklava, monsieur. C'est tout sim« plement en palmier.

— « Joli!...

— « Si vous voulez bien garder cela en souve« nir de notre rencontre, vous me ferez plaisir.

« Et le Français jette sa cigarette, souffle dans « le tube qu'il offre poliment au russe en le « saluant. Celui-ci donne le sien en échange.

« Français ou russes, tous ceux qui assistent « à ce spectacle sourient d'un bon sourire et « paraissent enchantés. »

Voilà ce qui se passait, presque chaque jour, sous les murs de Sébastopol. Les adversaires en présence s'offraient des cigares, du champagne, causaient amicalement.

Ils n'étaient animés d'aucun mauvais vouloir.

Le souvenir des rudes événements de la guerre de Crimée n'a laissé aucun fiel au cœur des braves gens avec lesquels nous nous sommes loyalement mesurés. Aujourd'hui de communs sentiments nous rapprochent les uns des autres. On sait que les officiers russes ont, comme les officiers français, la haine motivée de l'allemand.

On a dit bien des fois que les russes sont des

« français du Nord ». Quelle que soit la justesse de l'expression, on ne saurait méconnaître la solidité des liens enchaînant l'une à l'autre deux nations que la guerre elle-même n'a jamais sérieusement désunies. Un jour à la table de l'empereur Alexandre III, notre général de la Hayrie s'est improvisé l'interprète de nos sentiments quand, faisant allusion à la Grande Revue, il a dit d'un ton chaleureux : « Quelle généreuse « émotion dans le cœur de ces deux peuples, « lorsqu'ils virent se tendre les unes vers les « autres, avec un élan irrésistible, les vaillantes « mains des braves qui, la veille, luttaient en« core !... Je bois à ce grand peuple russe chez « lequel nous avons eu le malheur de voir un « jour des adversaires, mais jamais des enne« mis ! »

Bien que le sentiment tienne un assez grand rôle dans l'accomplissement des drames de la vie humaine, il faut, en matière de relations internationales, consulter avant tout la raison d'intérêt. Dans cette question de l'éventualité d'une alliance franco-russe il est indispensable d'élucider un point :

Quel est en cette affaire l'intérêt de la Russie ? Quel est l'intérêt de la France?

Constatons tout d'abord qu'il est une loi vieille

comme le monde, aux termes de laquelle les deux puissances tendent fatalement à se rapprocher l'une de l'autre. Cette loi, la sagesse des brahmanes de l'Inde l'a jadis formulée ainsi : *Ne fais jamais alliance avec ton voisin, mais avec le voisin de ton voisin.* Or, n'étant nulle part en contact direct, la Russie et la France ne courent aucun risque de s'entre-heurter nulle part.

On ne saurait, d'ailleurs, méconnaître ce fait que les deux puissances sont en parfaite communauté d'intérêts politiques ; qu'elles ont les mêmes adversaires naturels.

L'Angleterre, en effet, est l'ennemie-née de la France. Concurremment, elle a pour antagoniste l'empire de Russie dont les progrès en Asie centrale menacent sérieusement ses possessions de l'Inde. La situation est toujours extrêmement tendue ; tôt ou tard, nous assisterons au fameux « duel de l'éléphant et de la baleine. »

Mais il est pour les russes et pour nous, une autre source de communs dangers, émanant des visées de cet empire allemand qu'a constitué au centre de l'Europe une puissance non allemande, la Prusse.

En présence des prétentions de l'Angleterre et des farouches allures de la Triplice, un autre pacte est indiqué. L'alliance franco-russe est, d'ores et déjà, implicite et vivante. Un jour viendra peut-être où, sortant de cet état latent, elle se prononcera, s'il le faut, à ciel ouvert et sortira glorieusement ses effets. Que le baromètre de la politique européenne marque un jour la tempête, la France et la Russie se donneront publiquement la main, malgré les obstacles que des intérêts contraires aux leurs sèment en vain sur la route qu'elles pratiquent tacitement de conserve.

II

PUISSANCE MILITAIRE DE LA RUSSIE.

Puisque l'éventualité de l'alliance est une question à l'ordre du jour et qu'il s'agit d'une affaire d'intérêts communs, il est bon de savoir quel pourrait être, au contrat à intervenir, l'apport de la Russie.

On sait que l'élément principal de la puissance militaire d'un État consiste en l'ensemble des forces physiques, intellectuelles et morales des occu-occupants du sol national. Résultante des forces individuelles de tous les habitants, la force de la nation croît nécessairement avec leur nombre. Sous ce rapport, le peuple russe est sans contredit le plus puissant du globe. Et non seulement il est aujourd'hui le plus puissant, mais il le sera toujours. Tel on le verra dans dix ans, dans vingt ans, dans un avenir quelconque, et avec une supériorité, un écart de plus en plus saisissant.

Il y a dix ans, l'empire de Russie comptait 90 millions d'habitants, soit environ le double de la population actuelle de l'empire d'Allemagne. Qu'est devenu depuis lors, c'est-à-dire en deux lustres, le nombre des sujets du « tsar blanc »? Il était, en janvier 1891, de près de 120 millions. L'accroissement est donc approximativement égal au chiffre de la population totale de l'Italie,

« Depuis dix ou quinze ans, écrit à ce propos « M. Edgar Boulangier (1), l'augmentation an- « nuelle du nombre d'habitants — je ne dis pas « la proportion des naissances — s'élève en « Russie à la moyenne de *deux et demi pour « cent*. Ce résultat ne peut être contesté.

« Si cette moyenne se maintenait, l'empereur « Alexandre III commanderait, en l'an 1900, à « 150 millions d'hommes et, dix ou douze ans « plus tard — vers l'an 1911 — à 200 millions.

« Rêveries! dira-t-on. Il n'y a pas de raison « pour que la loi des dix dernières années se « continue indéfiniment.

« Soit, mais on ne voit pas non plus *à priori* « pour quels motifs cette loi ne se continuerait « pas, avec plus ou moins de décroissance, pen- « dant un temps assez long.

« En effet, le sol fertile de la Russie euro-

(1) *Notes de voyage en Sibérie*, Préface.

« péenne est capable de nourrir un nombre d'ha-
« bitants bien supérieur à celui de la population
« actuelle; d'immenses espaces restent en friche,
« faute de bras ou dans l'attente de travaux d'a-
« ménagement — dessèchements, irrigations
« etc., — qui permettront notamment de mettre
« en valeur les régions méridionales de l'Em-
« pire.

« Quant à la Russie asiatique, au Turkestan,
« à la Sibérie méridionale, des millions et des
« millions d'hommes pourraient y vivre à l'aise,
« sous son climat très sain et y trouver pour
« les besoins agricoles des ressources inépuisa-
« bles. »

Le chiffre de la population n'est, d'ailleurs, pas le seul facteur qu'il faille considérer ; la résultante des forces individuelles d'un pays ne dépend pas seulement du nombre des habitants, mais encore des qualités de la race. Or les races diverses qui peuplent l'immense empire sont essentiellement vigoureuses, habituées à vivre d'une vie sobre, se pliant facilement aux travaux les plus rudes, et défiant partout les rigueurs du climat. Leur valeur est incontestable.

Ces corps robustes ont pour moteurs une vive intelligence, une éminente faculté d'assimilation, surtout un très original esprit d'invention en matière d'arts et métiers (1), de sciences et de littérature. Un propriétaire disait à ce propos à M. de Vogüé (2) : « L'unique arbre fruitier de ma serre « est un merisier des steppes sur lequel j'ai « greffé des prunes. Ce sauvageon, couvert d'é- « pines et de baies amères, a poussé au prin- « temps une branche miraculeuse, chargée de « *reines-claude* grosses comme des œufs.

« Cet arbre est l'image de mon pays ; je n'en « connais pas de plus exacte.

« Sur notre jeune tronc sauvage nous avons « greffé, çà et là, vos idées d'occident. Quelques « rameaux de l'arbre soumis à l'expérience don- « nent un fruit nouveau, un fruit qui, nourri « d'une sève violente, a pris des proportions « énormes. »

Quant aux qualités morales du peuple russe, elles sont au-dessus de tout éloge. Le courage, le sentiment du devoir, l'honnêteté, l'amour de la patrie et du tsar, la foi en Dieu, voilà ce qui vibre au cœur de ces braves gens.

Leur caractère est, d'ailleurs, étrange. « Dans « toutes les manifestations du génie russe, on

(1) Les russes sont bons à faire tous les métiers, voire ceux qui exigent une grande habileté de main. En Angleterre, dans une industrie quelconque, il faut plusieurs années d'apprentissage pour former un bon ouvrier. Un russe en apprend en trois mois autant qu'un anglais en trois ans.

(2) *Histoires d'Hiver*.

« observe, dit M. de Vogüé (1), d'une part, un « grand fonds d'insouciance et de bonne humeur ; « d'autre part, un accent de tristesse... Ce peu- « ple s'acquitte avec enjouement des devoirs pé- « nibles ; sa mélancolie se trahit dans ses plai- « sirs et ses chansons. »

Le fait est parfaitement exact, témoin ce chant des bateliers de la Volga, déplorant philosophiquement une des plus tristes conditions de la vie humaine :

O ma barbe, ma petite barbe,
Ma barbe de castor !...
Tu as blanchi, ma petite barbe,
Avant l'heure, avant le temps.

Autrefois, quand je retroussais fièrement
Ma jeune moustache noire,
Les belles filles prenaient feu...
Les filles de boïars se consumaient d'ardeur.

Quand je mordais mon poil,
Le païen scélérat se jetait à bas de son cheval,
L'allemand effaré se cachait dans son trou...
Où sont tes boucles frisées ?

Ce n'est pas la neige, ce n'est pas le givre
Qui t'ont flétrie, ma bonne,
Qui t'ont faite grise et désolée... [nemi.]
Ce n'est pas le vent, ce n'est pas le méchant en-

(1) *Histoires d'Hiver*.

Celui qui t'a flétrie, c'est l'hôte qu'on n'invite pas
Et l'hôte qu'on n'invite pas, c'est le chagrin, ce
O ma barbe, ma petite barbe, [serpent!...]
Ma barbe de castor!...

Un autre élément de la puissance militaire d'un pays consiste en ses ressources matérielles — approvisionnements importés ou produits nationaux. Il faut dans l'évaluation de cette puissance, tenir compte de la richesse du sol, de l'état des cultures, du résultat de l'élevage des chevaux et bestiaux, du développement de l'industrie et du commerce, etc. Or la Russie est, sous ce rapport, heureusement partagée. L'étendue de son territoire est de vingt millions de kilomètres carrés, superficie égale à plus de quarante fois celle de l'Allemagne. Elle produit en abondance des céréales, des chanvres, des laines, des soies (1), des cotons (2), etc; elle nourrit d'innombrables animaux de toute race; son sol est riche en gisements minéraux de toute espèce (3). C'est un des pays les plus riches du monde en gîtes de métaux précieux (4) — or, platine et argent. La

(1) Les soies grèges d'Asie sont, à bon droit, renommées.

(2) On récolte en Asie centrale un coton de qualité supérieure à celle des meilleurs cotons d'Amérique.

(3) Or, platine, argent, mercure, plomb, cuivre, étain, fer, zinc, manganèse, houille, anthracite, lignite, naphte, asphalte, bitume, pétrole, etc., etc. Mentionnons aussi le cobalt, le soufre, le sel, le sulfate de soude, le kaolin, la phosporite, etc.

(4) L'or se trouve principalement dans l'Oural et en Sibérie;

production du mercure y a pris, depuis quelques années, une importance notable, du fait de la découverte en Sibérie de puissants gisements de cinabre ; on en a extrait, en 1889, plus de 10,000 *pouds* (1).

En 1887, la Russie a extrait de ses mines : 900 tonnes de plomb ; — 4,990 de cuivre ; — 10,351 d'étain ; — 3,624 de zinc. Elle est la première puissance du monde en fait de production du minerai de manganèse (2); mais sa richesse consiste surtout en minerais de fer dont elle a produit, en 1887, près de 1,356,000 tonnes (3).

cette dernière contrée possède les plus beaux *placers* du globe. En 1885, la Russie employait dans ses mines d'or plus de 75,000 ouvriers ; le chiffre de l'extraction (en sables aurifères et minerai) s'élevait à plus de 36,000 kilogrammes. La production actuelle des placers de Sibérie est évaluée à 75 millions par an ; la totalité de l'extraction depuis l'année 1835, à plus de 5 milliards.

Tous ces chiffres, ainsi que la plupart de ceux qui vont suivre sont tirés de l'*Industrie russe* (Paris, 1891) de M. Wickersheimer, ingénieur en chef des mines.

Les gisements de platine sont dans l'Oural. On en a extrait, en 1887, 4,408 kilogrammes.

Les mines de l'Oural, des steppes Kirghizes, de l'Altaï et de la Transbaïkalie ont donné, en 1885, 23,356 kilogrammes d'argent pur, ce qui, au cours moyen actuel, représente une valeur de plus de cinq millions de francs.

(1) Le *poud* équivaut à 16 kilogr. 240.

(2) Le manganèse se trouve principalement au Caucase et dans l'Oural.

(3) Dans toutes les régions montagneuses de l'empire russe il y a des gîtes de fer. Les minerais, le plus souvent magnétiques, sont riches à une teneur moyen de 55 0/0.

En particulier, les gisements de Taghilsk (*Vouissokogarski*) ne

L'extraction des combustibles minéraux — houille, anthracite et lignite — a atteint, en 1888, le chiffre de 5,185,808 tonnes. Les russes sont donc loin de manquer de ce « pain de l'industrie. »

Mais la véritable opulence de l'empire provient de ses sources d'huiles minérales. « Le lit « de la mer Caspienne, dit M. de Vogüé (1), « porte sur une seconde mer souterraine qui « étend ses flots de naphte sous tout le bassin. « Sur la rive orientale, les travaux du chemin « de fer de Samarkande ont fait reconnaître « d'immenses gisements d'huile minérale. Sur « la rive occidentale, depuis les âges les plus « reculés, les mages adoraient le feu jaillissant, à « la place où ses derniers fidèles se prosternent « encore aujourd'hui.

« Mais, après l'avoir longtemps adoré, les hom- « mes impies commencèrent de l'exploiter indus- « triellement. Au treizième siècle, le fameux « voyageur Marco Polo signale *du côté du septen-* « *trion une grande source d'où il sort une liqueur* « *semblable à l'huile ; elle ne vaut rien à manger* « *mais elle est bonne à brûler et à tout autre*

sont autre chose que d'immenses minières exploitées en gradins dont on extrait, bon an mal an, 50,000 tonnes d'un minerai oxydulé dont la teneur varie de 55 à 70 0/0 de métal. Ces minière semblent devoir être inépuisables.

(1) *La Ville du feu.*

« *usage; ce qui fait que les nations voisines en*
« *viennent faire leur provision, jusqu'à en char-*
« *ger beaucoup de vaisseaux, sans que la source,*
« *qui coule continuellement, en paraisse dimi-*
« *nuée en aucune manière.*

« L'exploitation date seulement d'une dou-
« zaine d'années; elle fournit actuellement *trois*
« *millions de tonnes* de pétrole par an; elle dis-
« pute les marchés de l'Europe aux produits du
« Kentucky et de la Pensylvanie.

« On pourrait obtenir un rendement décuple,
« car les puits existants donnent actuellement
« *cent mille kilogrammes* par jour (1), et il suffit
« de forer la terre pour en trouver de nouveaux,
« tant ce sol est saturé de pétrole.

« Marvin compare la péninsule d'Apchéron à
« une éponge plongée dans l'huile minérale.
« Continuellement, cette terre vomit la lave li-
« quide qui tourmente ses entrailles. Ces fon-
« taines jaillissantes s'épanchent en ruisseaux
« si abondants qu'on renonce à les capter, faute
« de réservoirs.

Souvent, elles prennent feu et « brûlent pen-
« dant des semaines; l'air, imprégné des vapeurs

(1) Les voyageurs sont loin d'être d'accord sur l'importance de ce rendement. M. Edgar Boulangier (*Voyage à Merv*) attribue aux fontaines jaillissantes de Bakou un débit formidable de *huit millions de kilogrammes* par vingt-quatre heures. De quoi éclairer Paris durant une année entière!

« du naphte, est alors embrasé tout autour de « Bakou. »

Certes voilà des sources de fortune qui suffiraient à la prospérité de plus d'un État, mais les sujets du « tsar blanc » ne se contentent point de demander des matières premières au sol privilégié qu'ils habitent. Leur industrie, qui a pris des développements considérables, occupe, à l'heure actuelle, environ 900,000 ouvriers répartis en plus de 20,000 établissements (1). Leur orfèvrerie originale jouit d'un juste renom. Ils fabriquent de beaux tissus de laine, de coton et de soie; leurs manufactures font de superbes brocarts d'or et d'argent, de la brocatelle, du damas, des velours, etc. Ils préparent admirablement les fourrures, ainsi que le cuir destiné à la fabrication des meubles et ustensiles de luxe.

(1) Voici le tableau de ces établissements industriels, d'après la statistique publiée par le ministère du Commerce en 1887 :

Industries métallurgiques	1,377	établissements.
Industries textiles	3,096	—
Produits alimentaires	7,869	—
Verreries, tuileries, briqueteries, etc.	2,380	—
Produits animaux	4,425	—
Industrie du bois	1,093	—
Produits chimiques	588	—
Industries diverses	419	—
Ensemble	21,247	établissements industriels.

Dans ce nombre ne sont point comprises les raffineries, brasseries, manufactures de tabac, distilleries, etc.

Un dernier mot touchant spécialement l'industrie du fer :

Les usines russes produisent de la fonte, du fer, des tôles et de l'acier. On comptait, en 1885, dans l'Oural 104 hauts-fourneaux qui ont donné, au cours de ladite année, 21,591,449 *pouds* (1), ou 367,000 tonnes de fonte. La production de toute la Russie s'est élevée à 32,205,504 *pouds*, ou 547,500 tonnes. Cette production s'est accrue en 1887 de 65,000 tonnes, soit une augmentation de 12 0/0.

La Compagnie franco-russe de l'Oural a monté, près de Perm, deux usines qui donnent annuellement 332,685 *pouds* de tôle.

Il se trouve aussi dans l'Oural deux aciéries dont l'une — à M. Demidoff — produit par an 772,216 *pouds* pour rails, outils, etc.

Mentionnons enfin sur la Kama à quatre *verstes* (2) de Perm, la fonderie de canons de Matavilika qui occupe de 3,500 à 5,000 ouvriers et peut faire trois cents canons d'acier par an, soit près d'une bouche à feu par jour. En cas de guerre, par conséquent, la Russie serait parfaitement en mesure de se suffire à elle-même.

Tout État exposé à des éventualités de luttes à

(1) Il a été dit plus haut que le *poud* vaut 16 kilogr. 240.
(2) La *verste* russe équivaut à 1 kilom. 067.

main armée a nécessairement besoin de fonds. Il est et sera toujours vrai, cet axiôme de nos pères : « ... guerre faicte sans bonne prouision d'argent « n'a qu'ung soupirail de vigueur. Les nerfz des « batailles sont les pécunes. »

Une situation financière satisfaisante est donc encore un élément important de la puissance militaire d'un peuple. Cette situation lui permet d'escompter l'avenir, de contracter des emprunts et de faire ainsi face aux besoins du moment. Or il est en Europe plus d'un État qui voudrait jouir d'un crédit aussi grand que celui de la Russie.

Il faut enfin admettre au nombre des éléments de la puissance militaire d'un pays la situation, la nature, l'étendue de son territoire. Eh bien ! elle est invulnérable, cette vaste Russie. Ses dimensions colossales, sa structure, son climat lui prêtent une force de résistance incalculable. Sans s'émouvoir, le grand empire du nord peut laisser l'ennemi s'enfoncer dans ses profondeurs. Il sait que cet ennemi ne saurait en sortir; Charles XII ne l'a pas envahi plus loin que Pultawa, et Napoléon s'y est englouti.

Notre téméraire empereur avait pourtant été bien prévenu. A son envoyé, porteur d'une déclaration de guerre, Alexandre Ier avait répondu :

« Allez, et dites à votre maître que j'ai pour

« moi l'espace, le temps et le *général Hiver.* »

Une aile éployée vers l'Europe et l'autre vers l'Asie, l'Aigle russe n'est pas de la famille de ces rapaces qui peuvent se laisser plumer et jeter dans la « marmite infâme » de M. Victor Hugo. L'empereur d'Allemagne Guillaume Ier ne s'y trompait pas. Un jour que ses rapports avec le voisin de l'Est étaient assez tendus, et que M. de Bismarck parlait de l'éventualité d'une guerre : « Laissez-moi mourir en paix, dit le vieux souve-« rain à son chancelier. La Russie peut supporter « plus d'une défaite, sans pour cela se laisser « entamer ni périr... tandis que nous, si nous « perdons une seule bataille, notre empire à « l'instant s'écroule... »

Observation profonde et bonne à méditer !

III

LOIS MILITAIRES EN VIGUEUR.

Facteur essentiel de la puissance militaire d'un pays, les « Forces militaires » en procèdent directement par voie d'organisation, et moyennant le concours de l'industrie nationale. De tous les éléments constitutifs de ces forces le plus important c'est l'homme. De la valeur de l'homme, de ses qualités physiques, intellectuelles et morales dépend, pour la majeure part, la valeur des forces militaires considérées.

Comment les États européens se procurent-ils des hommes ?

Suivant les principes de la science économique, à tout service rendu doit correspondre un juste émolument ou salaire, une rémunération consentie à prix débattu. En matière de service militaire, l'antiquité l'avait ainsi compris, et il n'y a pas longtemps que les puissances européennes achetaient encore des hommes à prix d'argent.

Un contrat intervenait qui liait le soldat enrôlé à l'État enrôleur. Les allemands, par exemple, faisaient de la guerre un métier; les tarifs de solde variaient selon la loi de l'offre et de la demande. « Aujourd'hui, dit fort bien le baron von « der Goltz, si quelque grande puissance conti« nentale voulait, suivant l'ancien système d'en« rôlement, lever une armée assez forte pour lui « permettre de tenir son rôle, les frais en seraient « énormes. » Assurément, la dépense pourrait être dite colossale. Cela étant, les gouvernements préfèrent ne pas payer du tout. Jadis, les effectifs étaient nécessairement limités, faute de fonds suffisants; aujourd'hui que le recrutement ne coûte plus rien, on ose des chiffres formidables.

Cela s'appelle le progrès!

Ainsi que la plupart des puissances du vieux monde civilisé, la Russie a bien été forcée d'adopter le système du service personnel obligatoire. Actuellement, en exécution des lois des 1er janvier 1874 et 11 novembre 1876, tout sujet russe doit le service militaire depuis l'âge de 20 ans jusqu'à celui de 43 ans accomplis. Les jeunes gens, âgés de 20 ans sonnés, non dispensés (1) et reconnus aptes à servir, concourent,

(1) Sont dispensés de droit les membres des clergés de toutes les confessions chrétiennes. La loi — très large, — dispense en temps de paix, nombre d'autres catégories de sujets du tsar.

par voie de tirage au sort, à former le contingent dont le gouvernement fixe chaque année le chiffre (1).

Les jeunes soldats n'étant appelés sous les drapeaux que dans l'année au cours de laquelle ils doivent atteindre l'âge de vingt-et-un ans, la durée effective du service est pour chaque contin gent : de cinq ans dans l'armée active, treize ans dans la réserve et quatre ans dans l'armée territoriale ou milice dite *opoltchénié*.

Tous les hommes libérés du service actif, — soit par anticipation (2), soit à l'expiration des cinq années réglementaires — sont admis dans la réserve. Les uns et les autres, après qu'ils ont accompli leur dix-huitième année de service, passent dans « l'opoltchénié », laquelle reçoit, en outre, tous les hommes du contingent reconnus bons pour servir, mais qui n'ont pu être incorporés dans l'armée active, à raison des limites du budget. Budget énorme cependant !... Il était, en 1892, de 261,047,132 *roubles* (3), soit de 1,044,188,528 francs.

(1) Les hommes ayant fait preuve de certaine instruction et engagés, avant le tirage au sort, à titre de *volontaires*, sont compris dans cette liste, en dehors de laquelle comptent les sujets affectés à la marine.

(2) Les admissions dans la réserve après quatre, trois, deux ans et même un an de service sont fréquents pour les hommes dont l'instruction est jugée suffisante.

(3) Au pair, la valeur du rouble est de quatre francs.

A quelque catégorie qu'ils appartiennent, les hommes de la milice sont dits *ratniks*. La loi classe les « ratniks » en deux bans distincts. Le premier ban comprend tous les hommes provenant de l'armée active et ceux des dispensés qui, n'étant pas *indispensables* soutiens de famille, sont reconnus absolument bons pour le service (1). Le second ban se compose des soutiens de famille indispensables et des hommes qui, bien qu'ils soient de faible constitution, ne se trouvent pas dans l'impossibilité absolue de servir (2).

La loi de 1874 ne devait avoir reçu sa complète exécution qu'en l'an 1894 et, dans les conditions posées par cette loi, l'effectif total des hommes appelés à faire partie de l'armée russe ne pouvait manquer de s'élever à *neuf millions*. Les mesures adoptées depuis cette époque sont de nature à porter ce chiffre à plus d'*onze millions* (3). En vue de parer aux difficultés provenant d'une situation inadmissible, et de concilier les exigences de l'instruction militaire avec celles du budget, le

(1) Les « ratniks » du premier ban sont affectés, en temps de guerre, au remplacement des hommes de l'armée active ; on en forme aussi certains corps de milice.

(2) Les « ratniks » du second ban ne servent qu'à former des corps spéciaux de milice.

(3) Dans cet énorme total figurent, il faut le dire, près de *huit millions* d'hommes dépourvus de toute instruction militaire.

gouvernement russe a, comme il a été dit plus haut, recours à l'emploi de la méthode des libérations anticipées.

L'effectif budgétaire est de 740,000 hommes, officiers non compris. Le contingent annuel étant de 250,000, le total de cinq classes s'élève à près de 1,300,000 hommes (1). Pour se débarrasser de l'excédent, on libère, nous le répétons, les contingents après quatre ans de service — au lieu de cinq — et les soldats les mieux instruits sont renvoyés après un an.

Les obligations militaires des Cosaques sont régies par une loi spéciale, promulguée en 1875, aux termes de laquelle tous les hommes valides doivent le service militaire de 18 à 38 ans. Ces vingt années se divisent en trois périodes, savoir : trois années de préparation ; douze d'activité et cinq ans de réserve. La période d'activité se partage elle-même en trois *tours* de quatre ans chacun. Les appelés du premier tour sont seuls présents sous les drapeaux. L'effectif du pied de paix n'est que de 50,000 hommes ; il s'élèverait, en cas de guerre, au chiffre de 250,000 soldats, tous complètement instruits.

La Finlande est assujettie à des obligations

(1) Y compris les engagés et les Cosaques.

spéciales, déterminées par la loi du 1er juin 1881, laquelle loi dispose que les sujets de cette province de l'Empire doivent vingt-trois ans de service militaire dont 3 ans d'activité, 5 de réserve et 15 de milice.

En somme, *sur le pied de paix*, la Russie entretient sous les drapeaux : 30,850 officiers, 782,000 hommes, 150,000 chevaux. *Sur le pied de guerre*, son armée de campagne comprendrait 51,000 officiers, 2,400,000 hommes et 624,000 chevaux. Ne sont compris dans ces chiffres ni les hommes des bans de l'*opoltchénié*, ni ceux que fournirait la levée générale des Cosaques. Ces deux catégories, prises ensemble, donneraient encore 1,600,000 hommes. D'où il suit que les forces mobilisables de l'empire sont d'environ quatre millions de combattants, sans compter les arrière-bans de toute espèce qui ensuite arriveraient successivement en ligne.

Voilà sans contredit des forces militaires imposantes.

IV

INSTRUCTION ET ÉDUCATION MILITAIRES

Les hommes appelés sous les drapeaux ne sont pas encore des soldats. Ce n'est là qu'une matière première qu'il s'agit de travailler si l'on veut en faire de bons *outils* (1). « Ceux, dit « le général Dragomirov, qui n'ont pas médité « sur les conditions de cette terrible partie dont « l'enjeu se chiffre par des milliers d'existences « humaines, ceux-là se figurent que, sur les « champs de bataille, il ne se lance que de la « mitraille, des balles et des obus. Non ! non !... « On y lance aussi des projectiles vivants, c'est-« à dire des masses humaines. Or celui-là l'em-« porte auquel il a été donné de savoir fabriquer « ces projectiles vivants, de les fondre en blocs

(1) Notre mot « outil » qui, primitivement, s'orthographiait « houstil » (*hostile*), impliquait jadis la signification d'engin de guerre et s'appliquait à tout moyen ou instrument de lutte à main armée.

« solides, de leur imprimer une force irrésistible « et de les lancer, comme des boulets, sur l'ad« versaire. »

Les jeunes gens qui arrivent au régiment n'ont pas toujours atteint leur complet développement physique ; peu d'entre eux sont assez maîtres de leurs organes pour tirer bon parti de leurs forces réelles. Effacer les défauts corporels, accroître la résistance ou la ténacité des membres, les assouplir, enseigner aux recrues le moyen d'obtenir un bon rendement de leurs muscles, voilà ce que doit faire tout d'abord l'instructeur.

Il lui faut, en même temps, s'attacher à développer les facultés intellectuelles du jeune soldat qui ne se doute pas encore des exigences de la vie militaire. Il n'est pas rare de trouver dans le contingent des esprits cultivés, mais manquant absolument de coup d'œil pratique et encore inhabiles à juger rapidement des choses. C'est l'instruction qui, seule, peut faire disparaître ces défectuosités.

Mais la partie la plus importante de l'éducation militaire est essentiellement d'ordre moral et comporte des difficultés particulières. Quand on pense que des hommes heureusement doués se sont appliqués toute leur vie à exercer leur volonté, à acquérir une honnête force de caractère, et qu'ils n'y sont jamais parvenus d'une manière satisfaisante, on peut juger combien la masse des pauvres conscrits se trouve loin du but à atteindre. Or il faut en faire des gens de guerre accomplis.

C'est à l'éducateur militaire qu'il appartient d'éveiller et de stimuler les qualités innées qui peuvent donner à l'homme la force d'envisager froidement le danger ; de supporter, sans rien perdre de sa vigueur, des souffrances et des privations sans égales. C'est lui qui doit inspirer au jeune soldat le sentiment du devoir et de l'honneur, une confiance inaltérable en lui-même, la probité, le désintéressement, l'esprit de camaraderie, le dévouement, l'abnégation, le sacrifice. Sa mission est d'en faire un vaillant, un parfait défenseur de la patrie, un esclave de cette sainte discipline qu'on a si justement nommée la « mère de la Victoire. »

Pratiquement, l'éducation militaire marche de pair avec l'instruction. En même temps qu'on élève aussi haut que possible le moral du conscrit, on lui apprend le maniement des armes; on lui enseigne la manière de combattre.

D'une sorte de catéchisme militaire (1) récemment publié par le général Dragomirov — un vrai

(1) *Manuel de préparation des troupes au combat* ou « Memento du soldat ». — Paris, Jouvet et Cie, 1889.

chef d'œuvre! — nous extrairons quelques préceptes formulés à l'usage du soldat russe.

L'auteur s'attache d'abord à insuffler aux recrues ce que leurs anciens nomment l'*esprit militaire*. Elle n'est pas facile à donner la définition de cet esprit tout spécial. C'est un sentiment profond de la vieille devise: *Dieu, la Patrie et le Tsar!...* C'est l'intelligence exacte des mots *service*, *discipline* et *consigne*.

Dans cet ordre d'idées, le général dit au soldat :

« Meurs, s'il le faut pour la foi orthodoxe, « pour le Tsar ton PETIT PÈRE et pour la sainte « Russie. L'Église priera Dieu pour toi. Qui « donne sa vie pour Dieu, la retrouvera.

« Les survivants auront honneur et gloire. »

Le général recommande ensuite en ces termes l'esprit de famille et de camaraderie militaires: « Vois dans la troupe ta famille ; dans ton supé« rieur, ton père ; dans tes camarades, tes frères « de sang ; dans tes subordonnés, des parents « plus jeunes que toi. Tu seras alors dispos et « content ; toutes les épreuves te seront faciles à « supporter.

« Ne pense pas à toi, mais aux camarades ; « les camarades pensent à toi. Tombe, s'il le « faut, mais sauve tes camarades. »

Le *Manuel* prêche aussi éloquemment la pratique des vertus militaires: bravoure, audace, opiniâtreté.

« Le soldat doit être sain, brave, dur, résolu « et honnête.

« Celui là est le héros qui crie le premier « Hourra! Si tu as affaire à trois assaillants « enfile le premier, fais feu sur le deuxième et « dépêche le troisième à la baïonnette. Dieu ne « protège que les braves.

« Pour les braves soldats, il n'y a ni flancs « ni derrières mais front partout, d'où que vienne « l'ennemi.

« Seul le poltron est battu.

« Attaque toujours et ne te défends jamais. « Si la baïonnette fait défaut, frappe avec les « poings; si les poings refusent le service, mords « à belles dents. Celui-là seul a la victoire qui se « bat en désespéré jusqu'à la mort » (1).

« L'abîme que franchit un audacieux engloutira « le timide. »

« Ne crois pas que la victoire s'obtienne sans « peine et qu'elle tombe du premier coup dans tes « bras. Seuls, les persévérants arrivent au but.

(1) « Il faut, professait Souvorov, faire combattre les hommes en *désespérés*. Rien n'est plus redoutable que des désespérés. »

« Ton adversaire aussi est persévérant et opi-
« niâtre. Souvent on ne réussit ni à la deuxième
« ni à la troisième fois. En avant donc pour la
« quatrième et plus, s'il le faut, jusqu'à ce qu'on
« arrive ! »

Voici maintenant des articles ou versets d'instruction militaire :

« Marchez déployés, mais attaquez unis ; on
« frappe avec les poings et non en écartant les
« doigts. Un pied aide l'autre. La main droite
« soutient la main gauche.

« Gardez la cohésion. Une épreuve ne signifie
« rien ; deux épreuves ne signifient guère plus ; le
« véritable malheur, c'est la dispersion.

« On compte en vain sur les effets de cette
« malheureuse dispersion. Ceux qui se rappro-
« chent peuvent s'assister.

« Porte toujours des munitions pour trois
« jours, car tu ne sais pas d'où tu pourras en
« recevoir. Tire rarement, mais bien. Vise à
« chaque coup. Tirer à l'étourdie, c'est divertir
« le diable. On vise les condamnés à mort, on
« ne leur envoie pas des balles folles.

« Sois économe de tes cartouches. Si tu les
« consommes de loin, à la légère, tu n'auras plus
« de quoi tirer quand tu seras près de l'ennemi
« et que cela sera devenu nécessaire.

« Un bon soldat a assez de trente cartouches, « même pour le combat le plus chaud.

« Prends les cartouches des morts et des « blessés.

« Que tu surprennes l'ennemi ou que lui-« même te surprenne, combats sans longue ré-« flexion et ne lui permets pas de se reconnaître.

« Contre la cavalerie fais toujours front. Hausse « à 200 pas !... Feu de salve !... Croisez la baïon-« nette !... et repos.

« Marche à la baïonnette et à fond. La balle « trahit ; la baïonnette, jamais. La balle est une « folle ; la baïonnette, une brave compagne (1).

« Si tu as un jour à exercer le comman-« dement, tiens tes hommes en main ; com-« mande avec réflexion et pas seulement : *En « avant, marche !* Fais, avant tout, connaître ce « qui va se passer. Chaque soldat doit compren-« dre la manœuvre que tu ordonnes. Que cha-« cun sache le comment et le pourquoi de l'af-« faire. Alors tes commandements d'*En avant, « marche !* seront à leur place. »

Le général ne cache pas au troupier qu'il doit se tenir prêt à supporter des privations de tout genre.

(1) Telle était, à peu de chose près, la maxime de Souvorov.

« A la guerre, lui dit-il, tu ne peux manger à « ta faim. Tu ne peux dormir, tu ne peux te « dorloter, tout simplement parce que c'est la « guerre. Ce qui semble dur, même au vrai sol- « dat, a raison de l'homme efféminé. Mais ce « qui te semble dur n'est pas plus agréable à « l'ennemi, qui le trouve peut-être encore plus « dur que toi. Tu ne vois que ta peine, et non « celle de ton adversaire qui cependant est « réelle. Ne te laisse donc point abattre. Plus « mal tu seras, plus opiniâtre et acharné tu se- « ras au combat. Vainqueur, tu seras mieux.

« Vaincre d'abord, se reposer ensuite. »

Enfin voici, esquissées à grands traits, les règles générales de la discipline :

« Au bivouac, tout le monde ne peut pas se « reposer en même temps. L'un dort ; l'autre « veille. Si c'est à ton tour de dormir, dors tran- « quillement jusqu'à ce qu'on te réveille... les « camarades font bonne garde. Si tu dois veiller, « tiens ferme, alors même que tu aurais cent « *verstes* (1) dans les jambes.

« Pendant les marches, ne quitte pas ta place « de colonne. Si tu t'arrêtes seulement une mi- « nute, tu restes en arrière de cent vingt pas.

(1) 106 kilom. 700.

« Marche allègrement et ne te laisse jamais
« décourager.
« Pas de violences envers l'habitant qui nous
« donne à boire et à manger. Le soldat n'est pas
« un voleur.
« Durant le combat, n'aide que les gens vali-
« des. Quand l'ennemi sera battu, tu penseras
« aux blessés. Qui porte secours aux blessés,
« alors qu'il faut se battre, n'est pas un bon
« Samaritain, mais un mauvais soldat. Ce qui
« lui est cher, ce n'est pas son camarade, mais
« sa propre peau. Sois vainqueur et tu pourras
« alors t'occuper des blessés et des bien por-
« tants.
« Au combat, le soldat est comme une senti-
« nelle. Alors même qu'il est mort, sa main ne
« doit pas quitter ses armes. »

Et la conclusion est pareille à l'exorde.

« Meurs s'il le faut, pour la foi orthodoxe,
« pour le Tsar *ton petit père* et pour la sainte
« Russie. L'Église priera Dieu pour toi. Qui
« donne sa vie pour Dieu la retrouvera.
« Les survivants auront honneur et gloire. »

Toute l'armée russe sait par cœur le *Manuel* du général Dragomirov.

V

LES CADRES.

L'instruction et l'éducation militaires ne peuvent se donner à des jeunes soldats que dans des cadres formés d'un bon corps d'officiers et aussi d'un corps de sous-officiers. Ces chefs ne sont pas seulement les instructeurs du temps de paix mais encore, à l'heure du danger, les conducteurs de la nation en armes. La valeur des troupes sur le pied de guerre dépend essentiellement des qualités de ces piliers de la discipline militaire. Cela est surtout vrai des armées de nos jours, constituées sur la base des principes du service personnel obligatoire, et composées d'hommes passant peu de temps sous les drapeaux.

Le corps d'officiers, voilà la pierre fondamentale de l'édifice militaire. Si ce corps est à hauteur de la mission qui lui est dévolue ; s'il unit le savoir, l'activité, la persévérance à ce puissant esprit militaire qui place le dévouement, le devoir et l'honneur au-dessus des jouissances de la vie et de la vie elle-même, il prépare au pays des forces d'une valeur inappréciable.

Tel est le cas du corps d'officiers russes (1) qui ont fait leurs preuves en matière de zèle et de dévouement.

Mais quel métier que celui d'officier dans une armée moderne ! Quelle tâche de Sisyphe que celle d'instructeur ! Qui en a fait l'expérience peut seul savoir ce qu'il faut de patience pour inculquer à des recrues ce qu'elles doivent apprendre en matière d'ordre, de discipline, de service en campagne, etc. Quand on lit dans certains journaux, voire dans les comptes-rendus des séances de la Chambre, des énormités touchant le prétendu despotisme militaire, on ne peut s'empêcher de souhaiter que tous ceux qui désirent parler, écrire ou émettre un jugement sur ces matières soient, de par la loi, tenus de faire pendant dix ou quinze ans le service d'officier ou de sous-officier instructeur.

Car, à tout prix, il faut des sous-officiers dans

(1) La hiérarchie russe distingue sept grades d'officiers, savoir : colonel ; — lieutenant-colonel (commandant de bataillon) ; — capitaine ou *rothmister* suivant l'arme ; — capitaine ou *rothmister* en second, suivant l'arme ; — lieutenant ; — sous-lieutenant ou *cornette*, suivant l'arme ; — *sous-enseigne* ou *étendard younker*, suivant l'arme.

une armée, de même que, dans un grand établissement industriel, il faut des contre-maîtres. Tout gouvernement est tenu d'avoir des hommes sûrs qui, en temps de paix, instruisent les recrues et soient dans les régiments les fermes gardiens de la discipline, les inspirateurs de l'esprit militaire.

En Russie, le service de recrutement des sous-officiers (1) puise à deux sources distinctes. Les uns proviennent des *volontaires;* les autres sortent du rangs des *appelés.*

Les « volontaires » qui font preuve d'une instruction supérieure peuvent, sur la proposition de leurs chefs de corps, être admis — sans condition de grade ni de temps de service effectif — dans une des écoles militaires instituées dans le but de former des officiers. Ceux d'entre eux dont l'instruction est médiocre ne sont admis dans les dites écoles qu'après avoir fait un an de service et obtenu le grade de sous-officier.

Les « appelés » ne peuvent être nommés sous-officiers qu'après avoir accompli deux années de service effectif et suivi certains cours soit dans leurs régiments soit à l'École des sous-officiers

(1) La hiérarchie comprend trois grades de sous-officiers, savoir : *feldvebel* ou *vachmister*, suivant l'arme (sergent-major ou maréchal-des-logis); — sous-officier de première classe ou *ancien* (sergent ou maréchal-des-logis); — sous-officier de seconde classe ou *jeune* (caporal ou brigadier).

de Riga. On ne les propose pour le grade d'officier qu'au bout de cinq ans de service. Encore ne sont-ils placés — une fois nommés — que dans des corps sédentaires occupant des garnisons éloignées du centre de l'empire. Il n'est fait d'exception à cette règle qu'en faveur des hommes qui, ayant acquis une instruction d'ordre supérieur, peuvent être admis dans une école d'officiers.

Il y a donc, de fait, en Russie, deux catégories de sous-officiers bien distinctes. L'une comprend les aspirants au grade d'officier; l'autre, les gradés rentrant dans leurs foyers lors du renvoi de la classe à laquelle ils appartiennent ou qui se rengagent avec leur grade.

Ceux-ci font la force de l'armée. Aussi le gouvernement russe s'est il attaché à en accroître le nombre et à en améliorer la valeur. Le décret impérial du 21 juillet 1890 semble avoir rationnellement résolu l'ardu problème que se posent aujourd'hui toutes les puissances militaires. Non seulement il consacre, comme ailleurs en Europe, le principe des hautes-payes, des pensions de retraite, de l'admission à des emplois dans les administrations publiques, etc.; mais il prescrit, en outre, de nouvelles mesures qui nous semblent fort heureuses telles que: classification des sous-officiers en trois catégories, auxquelles sont attribués des avantages gradués d'après l'état des services rendus; — limitation à un an de la durée du rengagement; — distinctions honorifiques dont le rengagé continue à jouir après qu'il est rendu à la vie civile, etc., etc.

Dans les corps de troupes, le sous-officier reçoit son instruction de l'officier, d'où il suit que celui-ci est, comme il a été dit plus haut, la pierre fondamentale de l'édifice.

C'est dans les écoles de *younkers* que la Russie recrute principalement les officiers dont elle a besoin. Elle y admet, dans les règles sus-indiquées, les appelés et les volontaires qui, après deux années d'études, en sortent avec le grade de *sous-enseigne* (infanterie) ou d'*étendard younker* (cavalerie).

A un échelon au-dessus des Écoles de « younkers » s'ouvrent des Écoles militaires d'armes au nombre de six, savoir : trois pour l'infanterie ; — une pour la cavalerie ; — une pour l'artillerie ; — une, enfin, pour le génie. Les jeunes russes y sont admis à partir de l'âge de seize ans et en sortent (1) — selon leur classement — sous-lieutenants ou *sous-enseignes* (dans l'infanterie); *cornettes* ou *étendards younkers* (dans la cavalerie),

(1) La durée des études est de deux ans pour l'infanterie et la cavalerie; de trois ans, pour l'artillerie et le génie.

Les *pages de l'Empereur* sont nommés officiers dans les mêmes conditions que les élèves des Écoles militaires.

Les officiers appelés à faire le service d'état-major forment un corps spécial qui se recrute exclusivement parmi les élèves de l'Académie d'état-major de Pétersbourg *(Académie Nicolas)*.

On n'est admis dans cette École supérieure que par voie de concours ouverts chaque année entre officiers de toutes armes ayant servi trois ans, au moins, dans les corps de troupes (1).

Les officiers de réserve se recrutent parmi les officiers de l'armée active *en congé de plusieurs années* ; — les anciens «volontaires» devenus sous-officiers et qui ont passé avec succès des examens dont le programme est arrêté par les règlements ; — les sous-officiers qui ont fait un stage d'épreuve.

Les officiers de l'*opoltchénié* sont d'anciens officiers de réserve ayant accompli leur temps de service et aussi des sujets du tsar étrangers à l'armée, mais qui satisfont à des conditions déterminées par la loi.

Les officiers russes ont tous une instruction

(1) La durée des études est de deux ans et demi à l' « Académie Nicolas. »

solide et d'aucuns d'entre eux sont des savants distingués.

Ils excellent en l'art très difficile de former rapidement des soldats. Leur tact est remarquable. Pour communiquer leurs nobles aspirations aux êtres pensants qu'ils doivent mener au feu, pour faire vibrer l'âme russe, le meilleur moyen qu'ils aient trouvé, c'est encore de lui parler de Dieu. « Prie Dieu ! disent-ils au combattant, « c'est lui qui donne la victoire. Dieu te conduit ; « c'est Lui ton général !... » (1).

Le général Dragomirov leur indique, d'ailleurs, les autres ressorts qu'ils ont à faire jouer et dont le jeu demande un doigté des plus délicats. « Avant tout, prône l'illustre général, cherchez à « enraciner chez le soldat le sentiment du de- « voir militaire ; développez en son esprit les « idées d'honneur et d'honnêteté ; affermissez, « élevez son cœur ! »

Suit un petit cours d'anatomie psychologique empreint d'un caractère original et plein d'humour :

« L'homme, est-il dit en ces utiles instruc- « tions, l'homme a une forte propension à l'auto- « matisme.

« La tutelle — pourvu qu'on lui permette

(1) Général Dragomirov, *Manuel pour la préparation des troupes au combat* ou *Memento du soldat*. — Paris, Jouvet et Cie, 1889.

« de la décorer d'un nom de nature à ménager
« son orgueil — la tutelle lui est infiniment
« douce. Point n'est besoin de lui dorer la pi-
« lule; il se charge de cette ornementation, et la
« pilule ne lui est nullement amère.

« La plus vulgaire sagesse veut que nous ne
« songions pas à changer l'homme. Il faut le
« prendre comme il est, mais l'obliger sans cesse
« à remonter la pente le long de laquelle il se
« laisse si facilement glisser.

« Mais comment?

« Par un appel *direct* au sentiment du devoir,
« à ces grandes idées de dévouement et de sacri-
« fice si bien implantées dans les âmes d'élite?

« A Dieu ne plaise!

« Ces nobles et héroïques vertus — précisément
« parce qu'elles sont héroïques et nobles — ne
« doivent pas être de mise dans le train-train
« quotidien des choses de la vie, mais rester
« consacrées au fond du cœur de l'officier, comme
« dans un sanctuaire, à l'abri des profanations.

« C'est la réserve des grands jours et des mo-
« ments difficiles.

« Ce serait commettre un sacrilège que de les
« exhiber à tout propos..... pour forcer, par
« exemple, l'officier à faire astiquer les gibernes
« de ses hommes. Et pourtant les gibernes doi-
« vent être astiquées tous les jours.

« A ces tendances, dont on ne peut avoir rai-« son, il faut opposer d'autres tendances. Pour « combattre victorieusement cette force instinc-« tive, il faut développer une force de même na-« ture, mais plus puissante.

« Or il n'en est qu'une possible. C'est l'intérêt « personnel, l'amour-propre ou, si l'on veut, la « vanité. Voilà un ressort qui vibre tous les « jours et ne se détend jamais » (1).

Tels sont les principes qu'observent scrupuleusement les officiers russes appelés à tirer bon parti des hommes dont l'empereur leur a donné le commandement (2).

En toute occasion, d'ailleurs, ils savent leur indiquer la bonne voie à suivre.

Est-il besoin de louer leur bravoure ?

(1) Souvorov le savait bien. « Héros sublimes !... », disait-il à ses soldats quand il voulait les entraîner.

(2) Le général Dragomirov a nettement formulé son opinion sur les méthodes d'enseignement oral. Il adjure les officiers de ne pas livrer aux hommes plus d'une idée ou deux à la fois, mais d'exiger d'eux qu'ils répètent immédiatement ce qu'on vient de leur dire. Pas de conférence avec le troupier, prescrit-il. Éviter les mots qui ne sont employés que dans les livres. Ne rien enseigner qui ne soit absolument indispensable. Saisir toutes les occasions possibles de faire des démonstrations par les yeux, en réduisant les paroles au strict nécessaire, etc., etc.

Tout cela est sans contredit frappé au coin de la sagesse et de l'expérience.

Un exemple suffira.

En 1877, durant la nuit qui suivit le jour de la terrible attaque des retranchements de Schipka par l'armée turque, le général russe Radetski parcourait les lieux témoins de cette lutte acharnée. Arrivé près d'une batterie du Mont Saint-Nicolas, il aperçoit une vingtaine d'artilleurs étendus par terre, à côté de leurs pièces. Seul, un officier veille, debout contre l'affût d'un canon.

— Que font donc là vos hommes ? lui demande d'un ton sévère le général... ils dorment !...

— Non, Votre Excellence, ils sont tués.

— Alors que faites-vous ici tout seul ?

— J'attends mon tour...

. . . .

Jusqu'au bout le digne officier d'artillerie venait de montrer à ses canonniers le chemin de l'honneur.

La mort n'avait pas voulu de lui !

VI

LE SOLDAT RUSSE

Quels sont les fruits de cette éducation militaire, objet des soins incessants de l'officier russe?

Elle donne à l'Empereur des soldats de tous points superbes.

Quels hommes! Ce sont les mieux disciplinés, les plus endurants, les plus *militaires dans l'âme* qu'il soit possible d'imaginer; ils n'ont point, a-t-on dit, leurs pareils au monde. Ce n'est peut-être point là de l'hyperbole. Où trouver des serviteurs plus obéissants, plus souples, plus respectueux?

Admirables d'ailleurs, les marques extérieures de respect, les formules hiérarchiques qui règlent les relations officielles établies entre les chefs et leurs subordonnés.

En saluant l'officier, le soldat dit : « Salut à Votre Noblesse! »

Qu'il passe devant un groupe de troupiers, un général dira :

— « *Sdarovo, Rebiata !...* » (Bonjour, mes enfants !)

Et sur-le-champ, prenant correctement la position du soldat sans armes, les hommes feront en chœur cette réponse dont ils auront soin de scander les mots : — *Sdravié — gélaïem — vaché — prevoskhoditelstvo !* (Nous souhaitons bonne santé à Votre Excellence).

Après une chaude affaire, les officiers disent aux combattants qui viennent d'être engagés : « Merci, petits enfants ! » Et les petits enfants de répondre à leurs chefs : « Toujours prêts à servir ! »

Oui, c'est vrai, toujours obéissants. Ces hommes extraordinaires peuvent, quand ils en ont reçu l'ordre, se laisser frapper sans jeter un cri. Blessés mortellement, ils savent mourir en silence.

Quelle n'est point aussi la faculté d'endurance de ces braves gens ! Accoutumés de longue date à une vie sobre, ils supportent sans mot dire des privations, des fatigues, des misères que nos occidentaux ne manqueraient pas de déclarer intolérables.

Gai, insouciant, aimant la guerre pour la

guerre (1), le soldat russe en est encore à l'âge héroïque ou, du moins, au moyen âge. On dirait d'un croisé du treizième siècle. « Quelle ardeur chez ces jeunes hommes !... écrivait le correspondant français accrédité — lors de l'expédition de Ghéok-Tépé — auprès de Skobelev. Ce sont, pour la plupart, des volontaires pour qui la guerre est un jeu, un plaisir, une récompense. *Hourrah les Tekkés !* se sont-ils écriés lorsqu'on leur a dit qu'ils allaient partir pour l'Asie centrale. Ils sont prêts à se faire hacher. Il faut les voir, il faut vivre avec eux pour se faire une idée de leur étonnant courage. J'ai vu, de mes yeux vu deux compagnies tout entières égorgées en masse. Plus un homme !... Ils étaient tous couchés sur des tas de cadavres ennemis. » On parle quelquefois de la *furia francese;* l'éclatante bravoure de nos amis n'a rien à envier à la nôtre. A voir un petit Russien, on ne se douterait jamais de la somme de courage cachée sous des dehors pacifiques et quelquefois délicats. D'un naturel bonasse, les paisibles moujiks, quand ils sont déchaînés, deviennent terribles (2). Leurs atta-

(1) « Il faut les voir, écrit un de nos correspondants, il faut les voir, ces braves soldats, il faut vivre au milieu d'eux. C'est la chanson perpétuelle, c'est le jeu, c'est l'amour !... C'est la guerre comme dans la chanson, le désir ardent, irrésistible de se jeter dans la mêlée !... »

(2) Telle est, dit M. Boulangier, l'opinion des officiers qui les commandent.

ques sont toujours vigoureuses et même brillantes. Et quelle solidité, quelle intrépidité stoïque dans leurs opérations de défense. Il est permis de dire que, dans les circonstances les plus critiques, il sont absolument inébranlables (1).

La qualité maîtresse et caractéristique du soldat russe, c'est une opiniâtreté, une persévérance, une ténacité comparable à celle de Tamerlan (2).

(1) A Sébastopol, durant les derniers jours du siège, ils ont perdu dix-huit mille hommes, rien que du fait de la violence d'un bombardement ininterrompu.

Ainsi cruellement bombardés, les assiégés ne concevaient nulle idée d'une capitulation possible.

— Enfants, nous périrons, leur disait Kornilov, mais nous ne rendrons pas Sébastopol, n'est-ce pas?

Et simplement, les hommes répondaient :

— « Nous mourrons... hourra !... »

Quinze ans plus tard, notre maréchal Canrobert, parcourant les rangs des défenseurs de Saint-Privat, disait à chacun de ceux qu'il rencontrait sur son passage :

— Eh bien! mon brave, nous ne lâcherons pas, hein!...

Et notre troupier d'un ton résolu :

— Non, monsieur le Maréchal. Il n'y a pas de danger!...

Les français peuvent être dits des russes d'occident.

(2) Cette persévérance légendaire, Tamerlan la devait à son talent d'observation. Il s'était malencontreusement engagé dans une expédition difficile. Harrassé, à bout de forces, il désespérait du succès quand il aperçut une fourmi tenant entre ses mandibules un grain de blé de beaucoup plus lourd qu'elle. Chargée de cet énorme fardeau, la bestiole essayait de regagner son trou dont l'orifice s'ouvrait à peu de hauteur au-dessus du sol, mais sur la paroi polie et glissante d'une roche. Chaque fois qu'elle tentait cette ascension pénible, le poids du grain la faisait retomber à

Le feld-maréchal Souvorov savait parfaitement à quoi s'en tenir à cet égard. Au cours de la bataille de Novi, où les partis en présence se disputèrent si chaudement le succès, un moment vint où le centre de l'armée russe plia sous le coup de la furieuse attaque d'une colonne française... et l'on vit ses rangs flotter en désordre.

Témoin de cet échec, un officier d'état-major prend le galop, court à Souvorov et, tout ému :

— Je viens vous annoncer, dit-il, que les russes sont battus !...

— Les russes sont battus?..... répond froidement le feld-maréchal. Ils sont donc tous morts?

— Non certainement, mais....

— Alors ils ne sont donc pas battus !...

Effectivement, ils ne l'étaient pas.

Le vieux guerrier fit arriver en ligne quelques troupes fraîches, renforça les points affaiblis de son centre, rétablit le combat, chargea vigoureusement l'adversaire et, finalement, viola, comme il disait, cette Victoire qui faisait mine de ne point vouloir se donner à lui.

terre. Soixante-neuf fois elle fit ainsi de vains efforts, mais elle finit par réussir à la soixante-dixième tentative.

Émerveillé du fait de tant de persévérance, Tamerlan se remit incontinent en selle, rallia ses troupes et poursuivit énergiquement son entreprise, laquelle finit, elle aussi, par être couronnée de succès.

Les éminentes qualités du soldat russe procèdent essentiellement de ses sentiments religieux. Animé d'une foi profonde, il sait que *le soldat est le guerrier du Christ; que c'est ainsi qu'il doit se considérer et se comporter* (1). Soumis aux volontés de Dieu, cette soumission lui inspire l'obéissance, l'esprit de sacrifice, une sorte de résignation fataliste et des élans d'éclatante bravoure (2).

En cela, comme en toutes choses, ses chef savent prêcher d'exemple. Le feld-maréchal Souvorov, dont nous parlions tout à l'heure, professait fervemment la religion orthodoxe. En campagne, il emportait toujours sa petite chapelle et son reliquaire; il assistait régulièrement aux offices, priait publiquement matin et soir et se levait souvent la nuit pour marmoter des oraisons, composées principalement d'invocations à la très sainte Victoire. A l'église, il bénissait les officiers de son état-major; à sa table, il disait lui-même le *Benedicite* et *les Grâces* et donnait encore la bénédiction à ses convives.

Autre temps, mêmes coutumes.

Le 14 janvier 1878, le général Stroukov partait

(1) Général Dragomirov, *Manuel* ou *Memento du soldat*. — Paris, Jouvet et Cie, 1889.

(2) Sous les abris blindés de Sébastopol avaient été improvisées des iconostases devant lesquelles les défenseurs allaient pieusement se prosterner matin et soir.

d'Eski-Zagra pour Andrinople à la tête de neuf escadrons de cavalerie. Il dit à ses officiers : « Nous avons devant nous l'inconnu. Faisons le « signe de la croix et... en avant! »

Les vertus militaires du soldat russe procèdent aussi d'un ardent patriotisme qui ne fait qu'un avec sa vénération, son amour pour l'empereur, souverain maître de la Sainte Russie.

Boje Tsaria khrani!... « O Dieu, sauve le Tsar! » telles sont, comme on sait, les premières paroles de l'hymne national russe.

Elle est singulièrement puissante, cette superbe phrase. Quand elle éclate aux jours de fêtes militaires, un frisson passe dans les fibres de tous les hommes sous les armes. Elle fait battre les cœurs, cliqueter les sabres, claquer l'étoffe de soie des Aigles. En campagne, elle fait accomplir des prodiges.

Faut-il un exemple à l'appui de cette assertion qui pourrait paraître risquée? Que le lecteur veuille méditer cet épisode de la guerre de 1877-1878, si bien racontée par M. de Vogüé et que nous résumerons comme il suit :

Le 5 juin 1877, l'armée russe du Caucase, qui battait en retraite sur Erivan, avait jeté quelques compagnies d'infanterie et quelques pelotons de cosaques dans Bayazed, bicoque en ruines, assise à flanc de côteau sur une saillie de rocher regardant le mont Ararat et, de toutes parts, dominée par des hauteurs dangereuses.

D'un effectif total d'environ quinze cents hommes sous les ordres d'un lieutenant-colonel, la petite garnison se vit bientôt investie par une horde de vingt mille turcs.

Son héroïque résistance se prolongea vingt-trois jours, durant lesquels elle eut à supporter des souffrances inouïes. La fin de ce temps d'épreuves fut un vrai martyre. Alors plus de pain, plus d'eau potable!... une chaleur accablante et une insupportable odeur, provenant des cadavres en décomposition sous les murs de la forteresse! Ce qui restait de combattants valides étaient brisés de fatigue et ne pouvaient plus suffire à l'exécution du service. La plupart de ces pauvres gens s'asseyaient ou s'étendaient à terre, inertes, l'œil éteint, les lèvres serrées, ne demandant plus qu'à mourir...

Telle était la triste situation des assiégés quand on leur signala, aux abords de la place, la venue d'un parlementaire, porteur d'une dépèche du général turc. Introduit dans les règles et avec les précautions d'usage, l'homme remit sa missive au lieutenant-colonel commandant la place.

Celui-ci prit le papier et en donna, à haute

voix, lecture aux officiers qui composaient son conseil de guerre. Schamyl-pacha, était-il dit en ce document, Schamyl croyait devoir porter à la connaissance des assiégés que le général Loris-Mélikov, ayant tenté d'opérer sa jonction avec l'aile gauche de l'armée russe, avait été battu et contraint d'évacuer Kars; que le général Ter-goukassov, commandant cette aile gauche, avait de son côté, fait des pertes sensibles et s'était vu mis en demeure de repasser la frontière; que les défenseurs de Bayazed restaient seuls..... abanbonnés sur le territoire ottoman.

En manière de péroraison, le pacha ajoutait que, mû par un profond sentiment d'humanité, il engageait ces vaillants défenseurs à renoncer à une lutte désormais inutile, et leur offrait des conditions honorables, bien méritées par leurs actes de bravoure.

Pendant la lecture de ce *factum* classique, nombre de soldats s'étaient avancés et faisaient cercle autour des membres du conseil. Sur leurs visages amaigris se lisait l'impression pénible que produisait en eux l'annonce de tant de désastres irréparables.

Elles ne trouvaient hélas! que trop de créance, ces nouvelles désolantes. Puisque l'on ne vient pas à notre secours, c'est que, se disaient les pauvres gens, nos camarades sont partout battus et en déroute, ainsi que l'affirme le général ennemi.

Le commandant laissa tomber à terre la lettre de Schamyl...

. . . .

Il gardait le silence.

Spectacle saisissant, si jamais il en fut!...

A la clarté blafarde d'une pauvre lanterne, l'état-major faisait cercle autour du parlementaire et, à l'entour de ce cercle, étaient massés les hommes de la garnison encore capables de se tenir debout.

Les regards des soldats scrutaient avidement le fond de l'âme de leurs chefs... et le visage de ceux-ci ne trahissait rien de leurs angoisses. Chacun sondait sa conscience, craignant d'y rencontrer la trace d'un désir inavouable... chacun luttait à part soi — mais déjà mollement — contre des sophismes inspirés par le désespoir. Les lâchetés commençaient à se faire jour... La limite des forces humaines n'est-elle pas atteinte? murmurait-on... Faire plus que nous n'avons fait, ne serait-ce pas insensé?... A quoi bon résister plus longtemps, puisque tout est perdu?...

L'heure de la défaillance était sur le point de sonner...

. . . .

A ce moment apparut un homme ou, pour

mieux dire, une sorte de macabre fantôme, car la faim l'avait réduit à l'état de squelette. Il marchait à béquilles et son front était bandé d'un mouchoir ensanglanté, car il avait reçu plusieurs blessures au cours des opérations de la défense. C'était un musicien qui, dès le début du siège, avait troqué son saxophone contre un mousquet.

Il venait s'enquérir de la cause du rassemblement formé autour de l'état-major. N'ayant rien entendu, ne se doutant nullement de l'objet de l'affaire en question, il considérait d'un œil étonné le gros turc immobile et, pour ainsi dire, momifié dans sa dignité d'oriental. Bientôt cependant la réalité des faits lui sauta aux yeux, aussi nue que la vérité.

Tout fut compris.

Alors à l'esprit de cet homme il vint une idée étrange, mais éminemment géniale. Le musicien blessé fut se planter droit devant le parlementaire, tira de sa poche une espèce de fifre fait d'un bout de roseau et, à la barbe du turc stupéfait, se mit à souffler dans cet instrument d'un style primitif. Or, ce qu'il jouait, c'étaient les premières mesures du *Boje Tsaria khrani!* (Dieu, sauve le Tsar!...); ce qu'il servait au parlementaire, c'étaient les premières notes de l'hymne national russe.

. . . .

A l'instant chacun tressaillit... une sorte de changement à vue s'opéra sur la physionomie des malheureux assiégés qui crurent sortir d'un mauvais rêve. Les têtes se redressèrent d'un mouvement brusque; les âmes, naguère éperdues, se ressaisirent; la noble fierté militaire chassa toutes les pensées mauvaises, issues d'un accès de faiblesse. Le commandant ramassa vivement la dépêche qu'il avait laissé tomber et la jeta à la tête de l'émissaire en lui disant:

— Va te faire pendre!...

. . . .

Ce retour de fermeté devait avoir sa récompense. Le lendemain, 28 juin, arrivait une armée de secours, armée commandée par le général Tergoukassov, celui-là mêmes dont les turcs avaient inventé la défaite.

Les défenseurs de Bayazed sortirent triomphalement, musique en tête. Cette musique militaire exécutait à grand orchestre le *Bòje Tsaria khrani* qu'un petit fifre modulait si bien la veille du jour de délivrance.

VII

L'INFANTERIE.

Depuis l'époque de la mise en service des premières bouches à feu, les combattants de toute armée se répartissent en trois catégories ou *armes* principales, appuyées de diverses troupes auxiliaires techniques. Ces « armes » sont, comme on sait : l'infanterie, la cavalerie et l'artillerie.

Le fait d'une bonne organisation de l'infanterie est toujours l'indice certain d'une large civilisation, car un tel fait implique celui de l'initiation de la nation entière à l'idée de patriotisme. Dans toute armée moderne, l'infanterie est, à elle seule, plus nombreuse que l'ensemble des autres armes. C'est là le peuple des camps, l'irrésistible multitude dotée de la puissance fatalement dévolue aux masses.

C'est là, tout à la fois, la colonne vertébrale et le faisceau des fibres musculaires du corps des combattants.

Or l'infanterie russe est solidement, fortement constituée.

Elle se compose de *troupes actives régulières*; — de troupes *de réserve*; — de troupes *irrégulières*; — de troupes *de dépôt*; — de troupes *frontières* et de troupes *locales*.

Sur le pied de paix, l'infanterie régulière comprend : 12 régiments *de la Garde*; — 16, *de Grenadiers*; — 165, d'infanterie *de ligne* — au total, 193 régiments (1), auxquels se joignent 78 bataillons de chasseurs à pied (2).

Célèbres dans l'Histoire militaire de la Russie, les régiments de la Garde ont pour commandants titulaires des princes du sang ou des souverains étrangers (3). Le plus ancien de tous est le *Préobrajenski* (Transfiguration) dont la création remonte à l'année 1683; il a le privilège exclusif de monter la garde à la porte de la chambre à coucher du Tsar (4).

(1) Tous les régiments d'infanterie sont à *quatre bataillons* de *quatre compagnies*. Chaque régiment comprend, en outre, un groupe de 64 hommes — dits *francs-chasseurs* — auxquels incombent les missions dangereuses ou délicates. L'effectif d'un bataillon d'infanterie *sur le pied de paix* est de 447 hommes, dont 18 officiers. Tous les régiments sont, dès le temps de paix, embrigadés et endivisionnés.

(2) Dont quatre de la Garde.

(3) S. M. l'Empereur est le chef immédiat de six de ces régiments.

(4) Pour cette raison, les juifs sont rigoureusement exclus des rangs du *Préobrajenski*.

Viennent ensuite le *Semenovski* (1); — l'*Ismaïlovski* (2); — le régiment *de Chasseurs*; — le régiment *de Moscou*; le régiment *de Grenadiers*; — le *Pavlovski* dont les hommes sont encore coiffés du shako en forme de mître que leur a donné Paul Ier; — le régiment *de Finlande* et celui *de Lithuanie*. Ces neuf corps de troupes composent la *vieille Garde*.

La *jeune Garde* comprend les trois régiments *de Volhynie*, des *Grenadiers de Keksholm* et des *Grenadiers de Saint-Pétersbourg*.

Numérotés de 1 à 16, les régiments de Grenadiers portent, en outre, des noms de villes ou de provinces de l'Empire. La plupart ont pour commandants titulaires des généraux illustres ou des princes. S. M. l'Empereur est le chef du 1er régiment dit *d'Ekaterinoslav*.

Numérotés de 1 à 165 (3), les régiments d'infanterie de ligne sont, comme les régiments de Grenadiers, désignés sous des dénominations spéciales. Le 52e (*Sofia*) et le 145e (*Novo-Tcherkask*) ont pour chef titulaire S. M. l'Empereur.

(1) Créé, comme le Préobrajenski, en 1683.
(2) Créé en 1730.
(3) Le 165e est de création récente.

6

Les autres sont honorairement commandés par le Grand-Duc héritier et ses frères ; — les Grands-Ducs, frères, oncles et cousins de l'Empereur ; — les Grandes-Duchesses Pavlovna et Viéra ; — le roi des Hellènes ; — les archiducs Louis-Victor et Albert d'Autriche ; — les généraux Gortchakov Paskievitch, Voronzov, Bariatinski, etc.

Les soixante-dix-huit bataillons de chasseurs à pied sont groupés en douze brigades dont une *de la Garde* à quatre bataillons (1) ; — cinq, *de la ligne*, chacune à quatre régiments de deux bataillons ; — une, *du Caucase* ; — une, *du Turkestan* ; — deux, *de la Transcaspienne*, chacune à quatre bataillons ; — deux, *de la Sibérie orientale*, à cinq bataillons chacune. Il faut compter, en outre, huit bataillons Finnois indépendants et une compagnie de *Chasseurs de Crimée*.

L'Infanterie *active régulière* comporte *sur le pied de paix* un effectif total de 17,500 officiers (2) et 412,000 sous-officiers et soldats (3) ; ce chiffre d'effectif s'accroît notablement au moment

(1) L'effectif d'un bataillon de chasseurs *sur le pied de paix* est de 625 hommes, dont 19 officiers.

(2) Ou assimilés tels que aumôniers, médecins, vétérinaires, etc.

(3) La Russie n'a pas, sur le pied de paix, de troupes d'infanterie *de dépôt*.

de la mobilisation, du fait d'un versement des réservistes (1).

A ce moment, il est formé pour chacun des régiments d'infanterie de la Garde, des Grenadiers et de la Ligne, ainsi que pour chaque brigade de Chasseurs à pied (2), un bataillon *de dépôt*, d'un effectif de mille hommes. Les cadres de ces bataillons sont empruntés : partie à l'armée active, partie à la réserve et aux troupes locales.

Un des caractères distinctifs de l'organisation militaire de la Russie consiste en la distinction nettement établie entre les troupes actives et les troupes *de réserve*, entre l'armée d'Europe et l'armée d'Asie.

En fait de troupes de réserve, le gouvernement affecte à la Russie d'Europe : 12 *régiments-cadres*, chacun à deux bataillons, portant à la suite des régiments actifs les numéros 166-177 ; — plus 24 *bataillons-cadres* à six compagnies et 45 *bataillons-cadres* à cinq. Soit ensemble, 93 bataillons comprenant 465 compagnies.

(1) La compagnie de Chasseurs de Crimée devient alors bataillon, d'où il suit que le gouvernement dispose de 851 bataillons de 1,000 hommes chacun.

(2) Excepté celles du Turkestan, de la Sibérie orientale et de la Transcaspienne.

Au Caucase, se trouvent 6 régiments à deux bataillons et 12 bataillons indépendants.

A la Russie d'Asie appartiennent 7 bataillons, également indépendants.

Comptons, en somme, 124 bataillons de réserve d'un effectif total de 3,500 officiers ou fonctionnaires militaires et 63,000 soldats. A l'heure de la mobilisation, ces troupes de réserve sont appelées à subir une transformation complète. Chaque *régiment-cadre* devient régiment à quatre bataillons ; chaque *bataillon-cadre* à six compagnies, régiment à quatre bataillons et deux bataillons indépendants ; — chaque *bataillon-cadre* à cinq compagnies, régiment à quatre bataillons et un bataillon indépendant (1). Voilà donc déjà un ensemble de 415 bataillons, mais ce n'est pas tout. Les troupes de réserve du Caucase fournissent 102 bataillons ; la Russie d'Asie en donne 25. Ensemble 542 bataillons d'infanterie de réserve.

Les *troupes-frontières* se composent, en temps de paix, de 35 bataillons d'infanterie dont 20 sont affectés au Turkestan ; 8, à la Sibérie occidentale ; 7, à la Sibérie orientale. Elles ne subissent, au moment de la mobilisation, qu'une très légère augmentation d'effectif.

(1) Exceptionnellement, le régiment provenant de la transformation du bataillon d'Arkhangel n'est fort que de deux bataillons.

Les *troupes locales* ne consistent qu'en simples détachements qui, pris ensemble, sont forts de 860 officiers et 26,000 sous-officiers ou soldats. A ce chiffre il convient d'ajouter celui de 6,000 hommes de troupes irrégulières et cosaques, car un troisième caractère – très original – de l'armée russe consiste en la co-existence de forces régulières et de bandes irrégulières. L'effectif de ces troupes locales ne s'accroît non plus que d'une manière insignifiante à l'heure de la mobilisation (1).

En résumé, si l'on tient compte des troupes d'escorte et des formations de l'*opoltchénié*, on peut voir que, *sur le pied de guerre*, l'infanterie russe se compose de quarante mille officiers (2) et de deux millions cent mille sous-officiers et soldats (3).

L'infanterie russe est encore armée du fusil Berdan modèle 1870, du calibre de 10mm 7, à baïonnette triangulaire, mais on va la munir incessamment d'un fusil du calibre de 7mm 62 à

(1) L'infanterie de forteresse donne alors 27 régiments à deux bataillons, dont deux affectés au Caucase.

(2) Ou fonctionnaires assimilés.

(3) L'effectif de paix ne comporte que 22,000 officiers ou fonctionnaires et 516,000 hommes, sous-officiers ou soldats.

magasin de cinq cartouches (1). Elle est, d'ailleurs, d'une école qui préconise l'emploi de l'arme blanche de préférence à celui du feu. Fidèle à ses traditions, elle se souvient toujours de la maxime de Souvorov. « Je ne connais que la « baïonnette, disait à tout instant le vieux feld-« maréchal. La balle est une vieille extravagante « qui ne sait ce qu'elle fait ; la baïonnette est un « jeune homme dans toute sa vigueur, plein d'ac-« tivité et d'audace » (2). Or, Souvorov est toujours son maître, un maître dont le général Dragomirov s'est fait le premier disciple en répétant (3) : « La balle s'égarera, la baïonnette ne « s'égarera pas. La balle est folle ; la baïonnette « est une luronne. »

L'infanterie russe est initiée à une tactique de combat dont les principes ont été fixés par un règlement en date du 11 juillet 1881.

De quelle solidité merveilleuse est dotée cette brave infanterie ! Sa ténacité est véritablement

(1) Ce nouveau fusil est actuellement en cours de fabrication.

(2) Ce n'était là qu'une paraphrase de ce mot du maréchal de Saxe : « La balle est folle ; la baïonnette est sage. »

(3) *Manuel* ou *Memento du soldat.* — Dans cet ordre d'idées, Skobelev disait aussi : « Il faut exprimer de l'artillerie tout ce qu'elle peut donner, mais bien mauvaise est la préparation d'une entreprise militaire qui n'a pas tenu compte de la nécessité de remplacer, à la fin des fins, la balle et le boulet par la baïonnette. » — Paris, Jouvet et Cie, 1889.

indomptable. Quelle troupe européenne a jamais surpassé en opiniâtreté les dix mille grenadiers de Rajeski foudroyés à Wachau par notre artillerie de la Garde. Drouot tirait à courte distance sur de valeureuses gens qui tombaient « comme des pans de muraille. » Et ces magnifiques grenadiers, serrant les rangs, marchaient toujours.

Qui ne se rappelle les traits de bravoure des défenseurs de Sébastopol à l'heure de notre assaut du 8 septembre 1855?

Et, à la passe de Schipka, quelle n'a pas été la valeur déployée par les troupes de Skolietov! Trois jours durant — du 21 au 24 août 1877 — les régiments d'Orel et de Briansk, appuyés de cinq bataillons bulgares, surent admirablement résister aux furieuses attaques de 40,000 turcs placés sous les ordres de Suleyman-pacha. Les dernières réserves de la petite troupe russe se trouvaient engagées, ses munitions étaient épuisées; les hommes ne combattaient plus qu'à coups de pierres. Les officiers, le désespoir au cœur, se disaient qu'il allait falloir battre en retraite quand, le soir du 23, ils virent paraître Radetski amenant un détachement de chasseurs montés sur des chevaux de cosaques.

Les défenseurs de Schipka étaient sauvés!

Le lendemain matin arrivait une brigade entière de chasseurs (4 bataillons) et deux régiments d'infanterie placés sous les ordres de Dragomirov. Les Russes purent, dès lors, prendre l'offensive et dégager la position ; mais dans cette lutte effroyable, la brigade Skoliétov avait perdu 2,000 hommes, à peu près la moitié de son effectif. Depuis trois jours, elle n'avait pas eu un instant de repos ; les soldats n'avaient eu rien à manger, rien à boire.

Qu'on se rappelle aussi la crânerie des fantassins de Skobelev attaquant les Montagnes-Vertes sous une pluie de mitraille et emportant d'assaut la redoute de Grivitza ! Qu'on songe à ceux qui plantèrent l'Aigle russe sur les remparts éventrés de Ghéok-Tépé, et l'on sera bien forcé d'admettre que cette infanterie se trouve dotée d'une valeur militaire élevée à la plus haute puissance.

VIII

LA CAVALERIE

La cavalerie a sur le sort des batailles moins d'influence qu'autrefois, mais il lui reste encore un beau rôle à remplir. Si ses charges doivent être désormais assez rares, elle peut toujours s'utiliser dans la poursuite d'un ennemi battu. C'est à elle qu'incombe le soin de protéger l'armée nationale en marche vers son adversaire, de l'éclairer, de le masquer. C'est elle qui est chargée de l'exécution du service de sûreté, du service de renseignements et de découverte. Elle doit, en certains cas, se déployer en rideau, se porter à grande distance, entreprendre des *raids* en vue d'une exécution rapide de certains travaux de campagne, tels que destructions d'ouvrages d'art, ruptures de rails, etc.

Or la cavalerie russe est excellemment apte à l'exécution de ces divers services.

Avant sa réorganisation de 1882, elle comprenait, en fait de troupes régulières, — outre les régiments *cuirassés* de la Garde — des dragons, des hussards, des uhlans — ceux-ci armés de la lance que portaient également les cosaques. Elle n'a plus aujourd'hui que des dragons, munis du sabre et de la carabine à baïonnette.

Cette belle cavalerie dragonnienne est composée de 47 régiments à 6 escadrons chacun, soit ensemble 282 escadrons.

La Garde comprend 4 régiments *cuirassés* à 4 escadrons et 6 autres régiments à 6 escadrons chacun ; soit ensemble 52 escadrons.

A ces forces s'ajoutent deux escadrons de Tatars de Crimée et deux *sotnias* (escadrons) du littoral (Circonscription de l'Amour).

Au total 338 escadrons (1).

Les quatre régiments cuirassés de la Garde, sont : le régiment des *Cuirassiers de S. M. l'Empereur* dont la création remonte à l'année 1702 ; — le régiment des *Cuirassiers de la Garde de S. M. l'Impératrice*, créé en 1704 ; le régiment des *Gardes à cheval* formé en 1721 (2) ; — le régiment des *Chevaliers-gardes de S. M. l'Im-*

(1) L'effectif d'un escadron est de 150 cavaliers. A chaque régiment est, de plus, attaché un groupe de cavaliers d'élite dits *chasseurs-éclaireurs*.

(2) S. M. l'Empereur en est le chef titulaire.

pératrice organisé en 1799. La Garde comprend, en outre, six autres régiments, savoir : les *Uhlans de la Garde ;* — les *Uhlans de l'Empereur ;* — les *Grenadiers à cheval* (1) ; — les *Dragons de la Garde* (2) ; — les *Hussards de l'Empereur ;* — les *Hussards de Grodno* (3).

Aux 338 escadrons de cette cavalerie *régulière* se joignent des troupes de cavalerie cosaque (4) *régularisée* et aussi de cavalerie cosaque *irrégulière.*

Les cavaliers cosaques sont gens de guerre émérites. Singulièrement experts en l'art des surprises, aussi prompts à se montrer qu'à disparaître, ce sont des éclaireurs étonnants, « donnant toujours des coups, dit notre général de « Brack, et n'en recevant guère. » Ils n'ont point leurs pareils pour harceler une armée, la tenir sur un perpétuel *qui vive*, la fatiguer, la désorganiser, la ruiner. En 1812, ils s'acharnaient à nos flancs « comme des abeilles en fu-

(1) Ce régiment a pour chef S. A. le Grand-Duc Michel Nicolaievitch.

(2) Commandés par S. A. le Grand-Duc Vladimir, frère de l'Empereur.

(3) Sous les ordres de S. A. le Grand-Duc Paul Alexandrovitch.

(4) C'est pour sacrifier à l'usage établi que nous écrivons « cosaque. » Mieux vaudrait l'orthographe *kosak*, car le mot vient du turc « kazok », qui signifie *guerrier*.

« reur qui tourmentent et épuisent un lion ru-
« gissant de leurs innombrables piqûres. » Pour trouver leurs similaires dans l'Histoire, il faut remonter aux Numides de l'antiquité carthaginoise; on ne peut leur comparer aujourd'hui que les gens de nos *goums* algériens.

Ce sont des cavaliers extraordinaires, galopant à flanc de coteau comme en plaine, se lançant à fond de train à la montée aussi bien qu'à la descente, passant partout, ne connaissant nul obstacle et franchissant, par exemple, les fleuves à la nage.

Une de ces dernières opérations est demeurée célèbre. En juin 1799, les armées austro-russe et française se trouvaient en présence l'une de l'autre, mais séparées par le cours de la Trebbia. Souvorov, qui a pris la résolution d'attaquer l'adversaire, expédie à un corps de cavalerie autrichienne l'ordre de passer vivement la rivière, à l'effet d'enlever des positions occupées par nos troupes.

Voyant que son ordre ne s'exécute point, il part au galop pour aller exprimer au commandant de cette cavalerie son étonnement, son mécontentement...

— Comment, lui reproche-t-il en termes peu mesurés, comment n'êtes-vous pas encore sur l'autre rive?

— Nous attendons les pontons, répond sans le moindre embarras l'officier autrichien.

— Ah ! vous attendez les pontons !... Ah ! vous attendez !... C'est bien, attendez. Qu'on aille vite me chercher un régiment de cosaques.

Le régiment demandé arrive à toute bride. Souvorov en prend le commandement direct, l'entraîne, traverse avec lui le fleuve à la nage, enlève les positions voulues et dit alors sans rire à l'un des officiers cosaques :

— Allez expliquer à messieurs les autrichiens comment l'on passe les rivières en Russie.

Ils sont, d'ailleurs, infatigables, ces durs et hardis cavaliers, témoin le merveilleux voyage effectué récemment par le lieutenant Dimitri Pechkov. Avec son seul et unique cheval, cet officier a traversé toute la Sibérie ; il est allé intrépidement de Blagovechtchenk à Pétersbourg, des rives de l'Amour à celles de la Néva.

Maintes fois, en 1812, nous avons eu l'occasion d'apprécier à nos dépens la valeur de ces centaures insaisissables, dont les nuées protégeaient si bien les troupes russes régulières.

Au mois d'août, par exemple, les cosaques de Platov surprennent, tour à tour, Sébastiani et Ney qui ne leur échappent que par miracle.

En septembre, près de Mojaïsk, ils nous enlèvent un convoi de munitions et, dès lors, nos communications sont compromises.

En octobre, quatre ou cinq mille d'entre eux, commandés par l'*ataman* en personne, sont sur le point de faire Napoléon prisonnier. Sorti du village de Gorodnia, l'empereur se trouvait avec son escorte sur les bords de la Lougea, qu'il allait franchir, quand apparurent soudain des *sotnias* compactes, entraînées par Platov. Se ruant lance au poing sur le groupe impérial, ces enragés allaient inévitablement y faire des victimes quand Murat, Bessières, Rapp et les autres officiers de l'état-major mirent le sabre à la main et durent combattre à rangs serrés, afin de dégager leur maître.

On sait le rôle — hélas! trop important — qu'a tenu, durant la suite de la retraite de Russie, la cavalerie cosaque, appuyée de ses bouches à feu sur traîneaux.

Les cosaques savent, du reste, combattre à pied aussi bien qu'à cheval. Ce sont dix mille d'entre eux qui, du temps de Souvorov, donnent l'assaut aux remparts d'Ismaïl. De nos jours, c'est une *sotnia* du 30e régiment du Don (1) qui, arrivée la première au sommet des Balkans dans

(1) Voyez ci-après le mode d'organisation de la cavalerie cosaque.

la nuit du 16 juillet 1877, attaque avec l'infanterie les retranchements turcs. A quelques jours de là, le 9e régiment du Don emporte successivement trois étages des défenses de Plevna. Cela fait, il remonte vivement à cheval, tombe sur un gros d'ennemis qui menace ses flancs et le met en déroute. Le 23 août, à la défense de la fameuse passe de Schipka, les 1re et 2e *sotnias* — toujours des cosaques du Don — mettent pied à terre, se déploient en tirailleurs et arrêtent le mouvement d'un assaillant résolu.

Ces hommes de fer sont bons à tout; on en fait, au besoin, des mineurs. Lors de sa défense de Krony, Korela avait poussé sous la campagne de longs rameaux de contre-mines. Dès qu'un poste moscovite montrait la moindre négligence, il était égorgé par une bande de cosaques sortis de dessous terre. Le coup fait, ces diables d'hommes disparaissaient incontinent, comme des renards rentrant dans leurs trous.

On le voyait toujours vêtu de haillons, le cosaque d'autrefois, et cette tenue de déguenillé était franchement voulue à l'effet d'ôter à l'ennemi tout espoir de butin. Il faut, professait-il, frapper la terreur et décourager la cupidité. Loin d'imiter les Orientaux dont le luxe consiste en armes magnifiques, les « atamans » répétaient à leurs hommes que « l'acier poli attire l'œil » et les incitaient à s'enorgueillir de leurs mousquets rustiques, noircis par la fumée.

Les temps sont bien changés. Les cosaques d'aujourd'hui portent fièrement un élégant uniforme et manient des armes de précision. L'armement n'est, d'ailleurs, pas le même pour tous. Les régiments du Don sont munis de la lance (1), du sabre et du fusil sans baïonnette ; ceux du Caucase n'ont pas de lance, mais un sabre, un poignard et un pistolet.

Les obligations militaires des *Réguliers* sont régies par une loi spéciale promulguée en 1875, aux termes de laquelle tous les hommes valides doivent le service de dix-huit à trente-huit ans. Ces vingt années se partagent en trois périodes distinctes, savoir : trois années de préparation, douze d'activité et cinq de réserve. La période d'activité se divise elle-même en trois *tours* de quatre ans chacun. Les appelés du 1er tour sont seuls présents sous les étendards russes. L'effectif du pied de paix n'est que de 50,000 hommes; il s'élèverait, en cas de guerre au chiffre de 250,000 soldats, tous pourvus d'une instruction complète.

La cavalerie cosaque *irrégulière* ne compte

(1) C'est leur arme traditionnelle. On ne la donne qu'aux hommes du premier rang, en conformité de cet adage : *la lance pour le choc ; le sabre, pour la mêlée.*

guère que 27 «sotnias», mais la cavalerie *régularisée* en comprend 287, groupées en 50 régiments (1).

En résumé, *sur le pied de paix*, la Russie dispose de 652 escadrons — tant de cavalerie régulière que de cosaques régularisés et irréguliers. Dans ces conditions, son effectif total est de 45,000 officiers (2), 118,000 cavaliers et 104,000 chevaux.

Sur le pied de guerre, on ne compte pas moins de 1,244 escadrons ou *sotnias* de campagne et 168 escadrons de dépôt (3), comportant ensemble l'énorme effectif de 220,000 cavaliers, et 225,000 chevaux (4).

(1) Dont 19 du Don; — 15, du Caucase; — 6, d'Orenbourg; — 3, de l'Oural; — 1, d'Astrakan; — 6, de la Russie d'Asie.

A ce chiffre de 50 régiments il faut ajouter 5 escadrons affectés au service d'escorte de l'Empereur, du gouverneur de la Pologne, du Grand-Duc héritier, *ataman général* des Cosaques; plus les quatre *Sotnias* indépendantes de l'Oural, d'Orenbourg et de l'Oussouri.

(2) Ou fonctionnaires militaires assimilés.

(3) Contrairement aux dispositions qui régissent l'organisation de l'infanterie, il est affecté des dépôts aux troupes de cavalerie, mais ces dépôts n'appartiennent pas aux régiments. Ils ont chacun un effectif de 300 ou 400 hommes, selon qu'ils correspondent à trois ou quatre régiments, et sont indépendants de ces corps.

(4) Non comprises les ressources de l'*Opoltchénié* qui peut fournir encore un contingent de 10,000 hommes et 10,000 chevaux.

Ainsi que l'infanterie, la cavalerie est endivisionnée dès le temps de paix. Le gouvernement s'est attaché à mêler dans les divisions les dragons aux cosaques. Ce faisant, il espère communiquer à ceux-ci la solidité des troupes régulières et infuser aux dragons les qualités que l'Histoire militaire des cavaliers cosaques met si brillamment en relief. Ce qu'il y a de certain, c'est que la cavalerie russe est tout entière douée d'une mobilité remarquable; qu'elle franchit les plus grands espaces avec une rapidité prodigieuse et qu'à cette vélocité pégasesque elle sait unir une audace extraordinaire.

En donnant le fusil aux dragons, le gouvernement a-t-il voulu, comme on le prétend, faire de la cavalerie une sorte d'infanterie spéciale, éminemment mobile, capable de porter le feu à grande distance et pour laquelle le cheval ne serait plus qu'un agent de transport? D'aucuns se le demandent. Toujours est-il que, si le feu a sa valeur, une valeur incontestable, la lance est une arme excellente, témoin celle du cavalier symbolique qu'on voit frappé « en abîme » sur l'Aigle héraldique russe et qui transperce le dragon.

IX

L'ARTILLERIE.

L'artillerie « de campagne » ou « de bataille » est, dans l'ordre chronologique, la dernière venue des trois armes de combat mais, sous le rapport des effets d'un important facteur du succès — le feu — elle est la plus redoutable des trois. Une armée à laquelle elle fait défaut n'a guère de valeur intensive. Aujourd'hui, plus que jamais, son rôle est considérable.

Les russes ont toujours eu dans leurs armées une forte proportion d'artillerie. A Eylau, par exemple, ils avaient couvert leur front d'une ligne de 300 bouches à feu — chiffre énorme pour l'époque ! — et tenaient, de plus, en arrière une centaine de pièces en réserve (1). Suivis dans cette voie par les autres puissances militaires de l'Eu-

(1) En moins d'un quart d'heure, la mitraille vomie par cette réserve coucha par terre plus de la moitié du corps d'Augereau et fit éprouver des pertes sensibles à notre division Saint-Hilaire.

rope, ils n'ont plus guère aujourd'hui que quatre bouches à feu par mille hommes.

L'artillerie russe « de campagne » se compose de batteries *à cheval*; — de batteries *montées*, les unes légères, les autres lourdes; — de batteries *de montagne* et de batteries *de mortiers*.

Les batteries « à cheval » sont armées de canons de 87 millimètres; les batteries « montées » *légères*, de pièces de même calibre, mais d'un modèle un peu plus puissant. Les batteries « montées » *lourdes* sont munies du canon de 105 millimètres; les batteries « de montagne », du canon de 65 millimètres et demi. Enfin, les batteries « de mortiers » servent le mortier de campagne du calibre de 15 millimètres et quart.

Sur le pied de paix, la Russie a 51 batteries à cheval de six pièces chacune, dont 28 régulières et 16 de cosaques sont attachées aux divisions de cavalerie de la Garde et de la ligne à raison de 2 par division. Sept autres batteries de cosaques à cheval demeurent indépendantes.

Les batteries montées (1) sont formées en 48 groupes — dont 3 de la Garde — attachés aux

(1) Les batteries montées sont à quatre ou à huit pièces. Au nombre de soixante-douze, les batteries de huit pièces sont ordinairement stationnées dans les circonscriptions militaires qui bordent les frontières occidentales de l'Empire.

48 divisions d'infanterie. Chaque groupe se compose, en général, de six batteries, dont deux lourdes et quatre légères.

Il faut noter, en outre, un groupe indépendant de 3 batteries de montagne; 3 groupes mixtes indépendants affectés au Turkestan et aux deux Sibéries; enfin, 3 régiments de mortiers de campagne, de quatre batteries chacun.

En résumé, l'artillerie russe *de campagne* comprend, sur le pied de paix, 368 batteries dont 51 à cheval; — 98 montées lourdes; — 191 montées légères; — 16 de montagne et 12 de mortiers (1).

A l'heure de la mobilisation, toutes les batteries de l'armée active sont portées au complet de guerre, du fait d'un versement prévu des réservistes. Toutes les batteries montées s'organisent alors à huit pièces. Les 33 batteries de réserve sont appelées à former 33 groupes de 4 batteries chacun. Enfin, les cosaques mettent en ligne 18 nouvelles batteries à cheval.

Dès lors, les pièces attelées et servies sont au nombre de 3,814 dont 486 d'artillerie à cheval.

Ce pied de guerre correspond à un effectif total

(1) L'artillerie de campagne n'a que deux batteries de dépôt. Elle comporte, d'ailleurs, trente-trois batteries montées *de réserve* dont quelques-unes ont une section à cheval.

de plus de 200,000 hommes, 165,000 chevaux et 25,000 voitures.

L'artillerie russe a fait ses preuves; son passé est des plus glorieux. Elle peut, à bon droit, se montrer fière d'un personnel plein de sang-froid et d'adresse, de dévouement et de fanatisme du métier.

On raconte que des canonniers russes, qui venaient de faire bravement leur devoir au cours de la bataille de Wenden, se virent abandonnés par les troupes qui devaient les soutenir. Serrés de près et ne pouvant se faire tuer sur leurs pièces par les boulets de l'ennemi, que firent-ils? Ils se pendirent aux timons des avant-trains de leurs canons pour ne pas avoir la douleur de les voir tomber aux mains des Polonais et des Suédois.

X

CORPS DE TROUPES AUXILIAIRES

Outre l'infanterie, la cavalerie et l'artillerie, il est diverses troupes ayant pour mission d'accroître par leur action la valeur des trois armes. Les principaux corps auxiliaires techniques sont l'*Artillerie de forteresse*, le *Train des équipages* et le *Génie*.

Essentiellement distincte de l'artillerie de campagne, l' « artillerie de forteresse » fait partie des troupes dites *locales*. Elle se compose de 209 compagnies à pied, groupées en 51 bataillons (1).

Il n'existe pas, à proprement parler, en Russie de « Train des Équipages militaires. »

(1) Il y a, en outre, en Russie, cinq batteries dites *de sortie* qui, au moment de la mobilisation, se désagrègent à l'effet de former seize batteries qu'on affecte au service des places fortes.

Chaque régiment d'infanterie ou de cavalerie, chaque groupe d'artillerie attelle lui-même ses convois et équipages, ainsi que les convois divisionnaires. Toutefois, il a été créé, en 1888, cinq *bataillons-cadres* qui, une fois remplis, doivent être affectés au service des convois de seconde ligne.

Les troupes du génie sont spécialement chargées du soin d'exécuter tous les travaux d'attaque et de défense des places ; de faire également tous travaux de campagne tels que : ouvrages de fortification passagère, organisation défensive des accidents du sol, destructions d'obstacles, établissement des camps, etc. ; de jeter, au besoin, certains ponts militaires. Leur définition veut qu'elles aient aussi dans leurs attributions le service des voies de communication, notamment celui des chemins de fer. On leur donne enfin le service des aérostats, de la télégraphie et, plus généralement, de tous les moyens d'action que l'art militaire emprunte à l'industrie moderne.

Sur le pied de paix, les troupes du génie se composent de 17 bataillons (1) de *sapeurs* — dont un de la Garde — affectés au service de la Russie d'Europe et du Caucase ; et de cinq compagnies indépendantes stationnées dans le Turkes-

(1) A cinq compagnies chacun.

tan et la Russie d'Asie. En tout 90 compagnies de sapeurs.

Ces troupes comprennent d'autre part : 17 compagnies de *pontonniers* (1) ; 6 bataillons *de chemins de fer,* dont deux sont spécialement affectés à la Transcaspienne ; — 17 compagnies de *télégraphes* ; — une compagnie *galvanique*, sorte d'école pratique dans laquelle les hommes sont initiés à l'emploi des méthodes de mise du feu par l'électricité ; — enfin, huit compagnies de *torpilleurs* en garnison dans les places maritimes de l'Empire.

Sur le pied de guerre, le gouvernement dispose de 107 compagnies de sapeurs dont 34 de réserve ; — de 17 compagnies de pontonniers et de 24 compagnies de chemins de fer. Effectif total : 50,000 hommes, 12,000 chevaux, 3,500 voitures.

Les sapeurs du génie sont des hommes vigoureux, intelligents, sachant leur métier et l'exerçant avec un tour de main remarquable. On trouve parmi ces braves gens, d'habiles charpentiers, d'excellents forgerons, surtout des terrassiers étonnants. Nous admirions à Sébastopol la

(1) Organisées en huit bataillons, seize de ces compagnies sont affectées au service de la Russie d'Europe.

prestesse avec laquelle ceux-ci exécutaient, sous la direction de Todtleben, des mouvements de terre prodigieux. Nous ne saurions trop bien faire l'éloge de ces hommes si pleins de dévouement, qui vivaient dans la boue — une boue ensanglantée! — et travaillaient sous la neige, insouciants de la grêle de projectiles qui éclataient sans cesse à l'entour d'eux. « Ce n'est pas pour « une croix, dit Tolstoï (1), ce n'est pas pour un « grade; ce n'est pas à cause des punitions dont « on est menacé qu'on se soumet ainsi à des « conditions d'existence aussi épouvantables. Il « faut qu'il y ait un autre mobile, d'un ordre plus « élevé. Ce mobile, c'est un sentiment pur qui se « manifeste rarement, qui se cache avec une « sorte de pudeur, mais qui est profondément « enraciné dans le cœur de tout russe : l'amour « de la Patrie. »

(1) *Souvenirs de Sébastopol.*

XI

ÉTATS-MAJORS ET SERVICES GÉNÉRAUX DE L'ARMÉE.

L'armée russe, a-t-on dit, est une énorme machine — très compliquée — à laquelle il faut un moteur puissant. Assurément, mais, qu'on ne s'y trompe pas, une agglomération méthodique de combattants n'est pas une machine brute, à organes métalliques, dont la conduite puisse se confier au premier mécanicien ou chauffeur venu. Non, elle a une âme, cette agglomération qu'on appelle «armée», et cette âme a besoin d'être sans cesse en communion d'idées et de sentiments avec celui qui la commande; de se donner, de s'unir à lui par des liens de respect, d'admiration et d'amour. A toute armée il faut un chef suprême qui la sache comprendre, qui sympathise avec elle, dont le cœur batte à l'unisson du sien. Ce qu'elle veut à sa tête, c'est un homme dont elle puisse subir le prestige et se sentir aimée.

Pour le soldat, l'idée de patrie a, comme toute abstraction, besoin d'être rendue palpable et tangible; d'être symbolisée et personnifiée.

L'aigle impériale à deux têtes et la personne aimée du Tsar, voilà ce qui fait la Patrie aux yeux du soldat russe. Ses chefs, qui ne l'ignorent point, s'attachent toujours à faire jouer ce ressort si puissant. « Consacrez, dit à ses troupes le « général Gourko, toutes les forces de votre intel-« ligence et de votre caractère à marcher dans la « voie qui nous est tracée par notre chef su-« prême. » Et le général Dragomirov en son ordre du jour édicté après les grandes manœuvres de 1890 : « En père affectueux et, par cela même, « indulgent, Il (S. M. l'Empereur) s'est réjoui « de ce que nous savons faire et a fermé les yeux « sur nos défauts. Sachons le comprendre et tra-« vaillons avec ardeur. »

Donc S. M. l'Empereur Alexandre III, est le chef suprême de toutes les forces nationales et de terre et de mer (1); c'est sous son auguste autorité qu'est organisé le commandement, très

(1) Cela semble tout naturel à qui veut bien consulter la raison philologique. Le mot « empereur » (*imperator*) implique, en effet, la signification de généralissime permanent. Tous les titres dits aujourd'hui nobiliaires comportent des significations analogues. Le prince (*princeps*) n'était, à l'origine, qu'un légionnaire de Rome. Les mots *duc, marquis, comte, baron, chevalier, écuyer*, etc., ne font qu'exprimer également les divers grades d'une ancienne hiérarchie militaire.

solidement constitué à tous les échelons de la hiérarchie; c'est de sa pensée, toujours formulée nettement, que s'inspire le ministre de la Guerre. Le ministre reçoit directement les ordres de son Souverain, prend note de ses décisions, en transmet à qui de droit la teneur et en assure l'exécution correcte. Il est secondé, dans ses travaux toujours ardus, par un cadre d'officiers généraux dont la hiérarchie comprend quatre grades distincts, savoir : *feld-maréchal* (1); — *général*; (2) — *général-lieutenant* (3); — *général-major* (4).

Quant au ministère de la guerre, il comporte quantité de rouages dont les principaux sont :

La Maison militaire de l'Empereur, comprenant 87 aides-de-camp généraux du grade de général ou de général-lieutenant; — 44 généraux-majors; — 92 aides-de-camp de grades divers; — enfin, une Grande Chancellerie, suivant partout le Souverain, en temps de paix comme en guerre;

(1) Analogue à la dignité de maréchal de France.

(2) Ce grade n'a point de similaire dans l'armée française. Les « g'néraux » russes sont toujours investis de hautes fonctions telles que celles de ministre de la Guerre, de chef d'état-major général, etc.; l'Empereur leur donne ordinairement le commandement des grandes circonscriptions militaires dont il sera parlé ci-après.

(3) Général de division.

(4) Général de brigade.

Le Conseil supérieur de la guerre, dépendant immédiatement de l'Empereur et présidé par le ministre;

La Cour suprême de justice, sorte de Cour de cassation qui connaît en dernier ressort de toutes les affaires judiciaires ;

La Grande Chancellerie, chargée du soin de centraliser et de traiter, en dernier examen, les affaires étudiées par les diverses directions du ministère;

L'*État-major général*, ayant pour chef un général ou général-lieutenant. Personnage principal de l'armée — après le ministre — cet officier général est chargé du soin d'étudier toutes les questions relatives à l'instruction et aux mouvements des troupes, à l'administration et au personnel de l'armée;

La direction générale de l'Intendance, ayant dans ses attributions les services de la Solde, de l'Habillement et des Subsistances;

La direction générale de l'Artillerie, placée sous les ordres du Grand-Maître, président du comité d'artillerie;

La direction générale du Génie, avec son comité présidé par un général de l'arme ;

La direction générale du service de santé secondée d'un « comité scientifique de médecine militaire » présidé par l'inspecteur général du service ;

La direction générale des écoles militaires à laquelle est adjoint un « comité pédagogique » présidé par le directeur général ;

La direction de la justice militaire à la tête de laquelle se trouve le « Procureur général de l'armée ;

L'inspection générale du tir ;

Le comité Alexandre, auquel incombe le soin de venir en aide aux officiers et soldats blessés, ainsi qu'à leurs familles.

On voit que la grande machine militaire — puisque machine il y a — est bien montée.

Les généraux russes sont instruits, hardis, pleins d'expérience. Ils ont tenu un grand rôle en l'Histoire militaire de notre siècle, et les noms de la plupart d'entre eux sont restés populaires. Qui ne sait les exploits du vaillant Souvorov, celui que ses grenadiers avaient surnommé le général *Perod Stoupaye* (En avant, marche!) parce que tel était, au cours de la bataille, le sens invariable des ordres qu'il donnait? Qui n'admire le talent du « Sauveur de la Russie, » de ce Kutuzov dont la prudence, la patience et l'astuce ont eu raison des folies de Napoléon, et dont Tolstoï a glorifié l'ardent patriotisme en termes si saisissants? Qui n'a rendu justice à Bagration, à Barclay de Tolly, à Benningsen et à Miloradowitch, ce Murat de l'armée russe, dont les soldats disaient proverbialement : *Qui veut suivre Miloradowitch doit se munir d'une vie de rechange?*

Ultérieurement, nous avons applaudi Kroulef et Todtleben, Radetski et Drenteln et frissonné d'enthousiasme au récit des hauts faits de Skobelev.

Malgré les pertes que l'inexorable Mort lui inflige, l'État-major général russe compte, encore et toujours, nombre de célébrités. Il nous faut reconnaître et honorer sans réserve le mérite des Gourko et des Dragomirov, des Annenkov et des Kouropatkine, des Stroukov, des Pouzirevski, des Obroutchef, des Vannovski (1) et de tant d'autres.

Sous les drapeaux blancs, à la croix de Saint-André d'azur il y aura toujours de bons soldats bien commandés.

(1) Le général Vannovski est actuellement ministre de la guerre.

XII

MODE DE GROUPEMENT DES FORCES MILITAIRES.

Chacun sait que, dans les armées modernes, on appelle *petites unités tactiques* les groupes maxima de combattants qui peuvent obéir *à la voix* d'un seul et même chef. Pour l'infanterie, l'élément primordial, c'est la compagnie d'environ 250 hommes; pour la cavalerie, l'escadron de 150 chevaux; pour l'artillerie, la batterie de 6 ou 8 pièces. Ces groupes constitués admettent des sous-multiples — pelotons, sections, escouades — et aussi des multiples — bataillons, régiments, brigades. Tous ces multiples des petites unités tactiques sont essentiellement homogènes, mais il est d'autres groupes plus importants et d'ordre composite.

La *division d'infanterie* consiste en l'ensemble de deux brigades de l'arme, appuyées d'artillerie et de cavalerie. C'est la plus faible des unités supérieures dans la formation desquelles entrent méthodiquement les trois armes; c'est la *petite unité stratégique*. Dotée d'indépendance, la division peut manœuvrer et opérer isolément; elle dispose, à cet effet, de toutes les ressources nécessaires en personnel et matériel; mais, pour les grandes opérations, elle ne se trouve pas suffisamment étoffée. On a donc été conduit à réunir deux ou trois divisions dont le système, à la fois souple et robuste, a reçu le nom de *corps d'armée*. Telle est l'*unité stratégique* des armées modernes.

On donne le nom de *grande unité stratégique* ou *armée* à la réunion de plusieurs corps d'armée sous un même commandement. Enfin, l'*unité stratégique majeure* ou *groupe d'armées* consiste en l'ensemble des forces appelées à opérer sur un même théâtre de guerre; à recevoir leur impulsion d'un seul et même commandant en chef.

Ainsi que la plupart des puissances européennes, la Russie ne forme, en temps de paix, que des corps d'armée. Elle en a VINGT, dont un *de la Garde*; — un *de Grenadiers*; — un *du Caucase* et dix-sept *de la Ligne* (1). Chaque corps comprend: deux divisions d'infanterie à deux

(1) Numérotés de 1 à 17.

brigades de deux régiments; — une division de cavalerie à deux brigades; — deux brigades d'artillerie de campagne et deux batteries à cheval.

Il est toutefois des dérogations à cette règle. Le corps d'armée de la Garde, celui des Grenadiers et le corps n° 1 de la Ligne comptent chacun trois divisions d'infanterie. D'autre part, les corps nos 1, 13, 16 et 17 ne sont point pourvus de cavalerie (1).

Au moment de la mobilisation, les corps d'armée n'ont qu'à compléter leurs états-majors, leurs effectifs, leurs équipages. Il est, d'ailleurs, probable qu'ils auraient tous (2) sur le pied de guerre une seule et même organisation à trois divisions d'infanterie et une division de cavalerie (3). Dès lors chaque corps comprendrait : 48 bataillons d'infanterie; — 24 escadrons de cavalerie et 18 batteries d'artillerie. Son effectif s'élèverait au chiffre de 16,000 officiers; — 65,000 sous-officiers et soldats; — 20,000 chevaux et 3,900 voitures, ou — si l'on veut une autre expres-

(1) Sont maintenus en dehors des corps d'armée: tous les Chasseurs à pied; — les 20e, 21e, 24e et 40e divisions d'infanterie; — les Dragons de Finlande; — les Tatars de Crimée; — la division de cosaques du Don; — la division mixte des cosaques; — la division de dragons du Caucase; — deux brigades et deux régiments indépendants de cosaques.

(2) A l'exception de la Garde.

(3) Cette composition uniforme s'obtiendrait moyennant la mise sur pied des troupes de la réserve.

sion de ces forces importantes — à 42,000 fusils, 3,600 sabres et 140 bouches à feu.

Il fallait tenir compte de la vaste envergure des ailes de l'Aigle russe, lesquelles ont à couvrir un territoire d'une immense étendue. En vue de rendre possible la prompte expédition des affaires, il était indispensable de décentraliser administrativement le pouvoir. Cette décentralisation s'est rationnellement effectuée du fait de la division du territoire de l'Empire en quatorze commandements ou grandes circonscriptions militaires dont voici la liste : Pétersbourg ; — La Finlande (quartier général à Helsingfors) ; — Vilna ; — Varsovie ; — Kiev ; — Odessa ; — Moscou ; — Kazan ; — Le Caucase (quartier général à Tiflis) avec la province Transcaspienne indépendante (chef-lieu Askhabad) ; — Le Turkestan (quartier général à Tachkent) ; — Omsk ; — Irkoutsk ; — L'Amour (quartier général à Khabarovka) ; — Le territoire des cosaques du Don (quartier général à Novotcherkask).

Chacune de ces circonscriptions est pourvue d'une sorte de petit ministère ayant, à échelle réduite, les mêmes attributions, les mêmes rouages que le ministère central. A la tête des forces militaires de chacune d'elles est placé un général ayant sous ses ordres toutes les troupes actives, de réserve, locales, ou stationnées sur le territoire de la région considérée. Les établissements militaires et les places sont aussi du ressort de ce haut commandement qui s'exerce sans difficulté, sans *à-coups* ni temps perdu, moyennant le jeu d'un système de ressorts administratifs perfectionnés.

A raison de l'énormité des distances à parcourir dans le vaste Empire du tsar et eu égard à l'insuffisance des voies ferrées (1), les troupes actives sont très inégalement réparties sur le territoire de la Russie d'Europe. C'est sur la frontière occidentale que ces troupes sont établies dans des conditions de densité majeure. Des vingt corps d'armée organisés à l'ombre et sous l'abri des ailes de l'Aigle impériale russe, douze se trouvent, en effet, stationnés dans les circonscriptions de Vilna, de Varsovie et de Kiev.

Si aux forces que comprennent ces douze corps on veut bien ajouter les divisions et brigades indépendantes, ainsi que les Chasseurs à pied, on comptera sur le territoire de la zone des trois circonscriptions susdites : 25 divisions d'infanterie, dont une de la Garde; — 13 divisions de cavalerie et, en plus, une brigade de la Garde; —

(1) Voyez ci-après le chapitre XIV. — *Voies de communication.*

4 brigades de Chasseurs; — 27 batteries d'artillerie à cheval; — 50 batteries montées; — 3 batteries de montagne; — 12 batteries de mortiers. Soit, *sur le pied de paix*, un total de 350,000 hommes, 60,000 chevaux et 982 bouches à feu.

Forces respectables qui assurent à la Russie sinon une inviolabilité absolue, du moins de solides garanties de sécurité! Le territoire de l'Empire est à l'abri de toute surprise.

XIII

LE MATÉRIEL DE GUERRE.

Les éléments constitutifs des Forces militaires d'un pays se classent naturellement sous deux chefs distincts : *Personnel* et *Matériel*.

Le Matériel de guerre est, comme on sait, partie *animé*, partie *inanimé*.

Le premier se compose, ainsi que le nom l'indique, d'animaux vivants tels que : chevaux, ânes, mulets, bœufs, buffles, éléphants, dromadaires, pigeons, etc. Le second comprend les armes, les munitions, les effets d'habillement, d'équipement et de harnachement, les subsistances, le matériel d'ambulances, les outils que comporte l'exécution des travaux de campagne; enfin, le matériel roulant qu'il faut affecter au service du transport des objets que ne peuvent porter l'homme et le cheval de selle.

L'une et l'autre partie du Matériel, un gouvernement quelconque ne peut les demander qu'à la puissance militaire du pays. Ne pouvant compter avec certitude que sur les ressources tirées du territoire national, il doit s'attacher à favoriser l'exploitation des richesses naturelles et la culture du sol; il doit — ainsi qu'il a été dit plus haut (1) — tenir compte du développement de l'industrie, notamment de certaines de ses branches, comme celle de l'élève du bétail et des chevaux, etc.

Quelle est en Russie l'importance de ces divers facteurs?

Nous avons fait remarquer (2) que l'industrie métallurgique y est très avancée; que les ressources minières en sont considérables. Depuis le règne de Pierre-le-Grand jusqu'à nos jours, l'Oural a fourni à l'État tous les métaux dont celui-ci avait besoin, et les gisements Ouraliens sont loin d'être épuisés. Ceux de la Sibérie, qu'on dit si riches, sont encore, à peu près, inexploités. La Russie n'est donc pas près de manquer de métaux.

On peut en dire autant des bois. La surface boisée du grand Empire ne mesure pas moins de

(1) Voyez ci-dessus le chapitre II. — *Puissance militaire de la Russie.*

(2) *Loc. cit.*

200 millions d'hectares complantés d'arbres de toute essence (1).

De toutes les contrées de l'Europe la Russie est celle qui produit le plus de céréales (2) — orge, seigle, avoine et froment (3). Sa récolte annuelle est d'environ 600 millions d'hectolitres.

Elle est, d'ailleurs, la première nation du monde pour la production du chanvre et du lin. Le chanvre lui rapporte, bon an mal an, 100 millions de francs ; le lin, 360 millions.

Les russes font aussi de la culture industrielle. Ils obtiennent moyennement chaque année 3 millions de tonnes de betteraves et plus de 60 millions d'hectolitres de pommes de terre. Le tabac récolté représente une valeur de 3 millions de roubles, soit 12 millions de francs.

(1) Dans les régions du nord poussent le pin sylvestre, le bouleau, le sapin, l'aulne, le tremble, le mélèze ; dans les pays du centre, l'orme, le tilleul, l'érable et le chêne. Au Caucase, en particulier, il se trouve de magnifiques bois de chênes et d'érables.
La moitié des forêts appartient à l'État.

(2) La surface des terres cultivées dans la Russie d'Europe est à peu près le cinquième de la superficie totale du territoire.

(3) La culture du froment n'est point prédominante ; elle ne vient qu'après celle du seigle et de l'avoine. Dans le nord de l'Empire, les cultivateurs substituent au froment l'orge et le seigle, dont la belle venue exige moins de chaleur.

Il faut, en matière d'alimentation, tenir compte des produits de la chasse et de la pêche. En fait de poissons capturés, la Russie est de beaucoup le pays le plus producteur de l'Europe. On évalue à plus de 25 millions de roubles (100 millions de francs), la valeur de sa pêche. Le produit des pêcheries de la seule Caspienne est, au moins, double de celui que tire du banc de Terre-Neuve l'ensemble des bateaux américains, anglais et français. Quant à la chasse, elle n'a plus guère d'importance (1).

La richesse de la Russie provient principalement de l'élève du bétail. Sur ses vastes territoires incultes, dans ses steppes et ses *toundras* (marais tourbeux) (2) errent en liberté d'immenses troupeaux de toute espèce. On n'y compte pas moins de 27 millions de bêtes à cornes, 50 millions de moutons (3), 25 millions de porcs et 40,000 dromadaires (4).

(1) Il n'est pas question ici de la chasse aux animaux à fourrures.

Pour ce qui est de celle-ci, les trappeurs du seul gouvernement de Vologda vendent, chaque année, quatre cent mille dépouilles.

(2) La surface des terres incultes, steppes et *toundras* est égale à plus du quart de la superficie totale du territoire.

(3) Ces moutons donnent annuellement 180,000 tonnes de laine valant 50 millions de roubles ou 200 millions de francs.

La laine est, en partie, mise en œuvre en Russie. On y comptait dès 1884, soixante-dix filatures et 3,200,000 broches occupant

Somme toute, l'élève du bétail et la culture des terres rapportent, année moyenne, à la Russie environ 1,800 millions de roubles, soit plus de 7 milliards.

Au point de vue des intérêts de l'armée nationale, ce qu'il importe de considérer avant tout, c'est la richesse en chevaux d'armes et en chevaux de trait. Or la Russie peut à bon droit, prétendre et dire que l'exécution du service de sa Remonte est, de tous points, parfaitement assuré. Sa population équine atteignait, en effet, en 1869, le chiffre énorme de vingt millions de têtes et, depuis lors, ce chiffre n'a fait que grossir (1). Mais le nombre ne fait pas tout; il faut aussi tenir compte de la valeur des races. Or la plupart des chevaux élevés dans l'est de l'Empire sont magnifiques. Nous avons admiré le type de ceux que la Russie a envoyés, en 1878, à l'Exposition universelle de Paris.

Quelle est l'ascendance de ces superbes bêtes?

Strabon fait mention des chevaux d'Arménie

116,000 ouvriers. La seule manufacture Bogorotsko-Gloukhov est outillée de 90,000 broches et 1,700 métiers mécaniques.

(4) Ces animaux ne se trouvent que dans le gouvernement d'Astrakhan.

(1) On compte, dans la seule Russie d'Europe, un cheval pour quatre habitants. Dans les autres États européens la proportion descend à dix ou quinze habitants contre un cheval.

d'une beauté remarquable (1), des chevaux du Caucase à encolure de cerf; des chevaux Scythes et Sarmates, d'assez petite taille mais très rapides; enfin, de ceux des rives du Borysthène, également petits mais, également aussi, capables de franchir, en un temps très court, des espaces considérables.

Les savants de nos jours rangent les chevaux russes dans la classe de ceux qu'on dit de races *asiatique* et *mongolique*.

Essentiellement brachycéphale, la race asiatique ou *aryenne* est caractérisée par un front large et plat, des arcades sourcilières très saillantes et un profil de tête exactement rectiligne. Les individus qui en font partie s'accommodent bien d'un climat sec, tempéré ou froid; d'un habitat dans des régions médiocrement fertiles; de pâturages maigres, mais aromatiques. A cette race appartiennent les célèbres *trotteurs russes* dits d'*Orlov*. Variété de la race asiatique, la race mongolique se distingue par un front bombé, des arcades sourcilières peu saillantes, un profil de

(1) Élevés dans les plaines de Nésée, en Arménie, ces chevaux avaient, dit Strabon, une conformation toute particulière. Ordinairement bais ou alezans à crinière blonde, on vantait à juste titre, leur vitesse, leurs belles allures, leur croupe charnue, leur tête fine. Les rois de Perse ne se servaient de nulles autres montures; aussi chaque année, à l'époque des fêtes de Mithra, le satrape d'Arménie expédiait-il à son souverain 20,000 poulains de choix, élevés sur les terres de son Commandement.

tête presque droit, mais légèrement courbe à la hauteur des yeux, ce qui donne un peu à la face l'aspect d'une tête de mouton. A cette race appartiennent les chevaux du Turkestan. Quelque classification qu'on veuille adopter, il est certain que les chevaux russes se distinguent par leur valeur exceptionnelle.

La première qualité requise du cheval de guerre, c'est la rapidité, et c'est pourquoi la symbolique des Grecs attribuait des ailes au cheval de Persée. « Ces ailes, dit Xénophon, qu'on « envie aux oiseaux (1), le cheval nous les donne « en quelque sorte ». Un jour vint où le symbole prit corps. Au dos de leur cuirasse les anciens hussards adaptaient des ailes d'aigle ou de vautour qui leur dépassaient la tête. Au casque et à la selle étaient fixées d'autres ailes en fer-blanc, tôle ou bronze. Les hussards de Sobieski portaient encore ces emblèmes de la vitesse de leurs chevaux.

Les chevaux d'armes d'aujourd'hui sont toujours très rapides. Quant à leur solidité, elle est véritablement merveilleuse, témoin celle de cet étonnant petit cheval que montait le lieutenant

(1) On sait que la monture de Persée était dite *pégase*, du nom d'un oiseau d'Afrique à tête de cheval, analogue à celle de l'hippocampe.

Pechkof au cours de son voyage de Blagovechtchensk à Pétersbourg.

Les russes s'attachent d'ailleurs à perfectionner leurs chevaux de selle par des croisements des races Orlov et Rostopchine avec des races anglaises, arabes et persanes. Nombre de propriétaires riches entretiennent sur leurs domaines des haras particuliers, organisés comme ceux de la Couronne (1).

En ce qui concerne spécialement la reproduction des chevaux *de trait*, la Russie interdit d'une manière absolue l'emploi de tous étalons atteints de maladies, vices ou tares héréditaires. Elle écarte également du service des haras ceux dont les commissions d'examen ont jugé la conformation défectueuse. Dans certaines parties de la Russie le type *léger* est abandonné; on lui substitue un autre type mieux approprié aux besoins de l'époque. On délaisse donc le descendant des races orientales; on sacrifie la légèreté des formes à une structure étoffée et même massive. Les éleveurs russes des régions où abondent des représentants du type léger, ne trouvant plus dans leur emploi la force motrice nécesaire à l'exécution de certains travaux, s'attachent à produire des sujets plus grands, plus épais, plus

(1) Les étalons de l'État étaient, en 1869, au nombre de plus de six mille.

volumineux, et capables d'une plus grosse somme de travail.

Il est donc bien certain que, s'il lui faut faire la guerre, la Russie ne manquera ni de chevaux de selle pour sa cavalerie, ni de chevaux de trait pour son artillerie et ses équipages, ni de matières premières — lins et laines — pour le service de l'habillement de ses troupes, ni de cuirs pour la confection des chaussures, des effets d'équipement et de harnachement, ni de métaux pour ses fonderies de canons et ses manufactures d'armes, ni de bois pour la fabrication de ses voitures, de ses outils, de ses fusils, ni de vivres pour la nourriture de ses hommes, etc., etc.

Son matériel de guerre est toujours au complet.

XIV

ORGANISATION DÉFENSIVE DU TERRITOIRE.

Les forces dont nous venons d'analyser — très rapidement — l'organisation constituent le facteur essentiel de la puissance militaire de la Russie. Un autre élément de cette puissance consiste en l'établissement de ses défenses permanentes.

Les fortifications ne sont, comme on le sait, autre chose que des modifications apportées au terrain naturel à l'effet d'augmenter la valeur défensive de certains points du territoire réclamant une protection spéciale, soit pour leur sûreté propre, soit à l'effet de servir d'appuis à des opérations de forces mobiles.

Il importe de savoir quelle est à cet égard, l'organisation de cet empire de Russie « si large « qu'il n'a pas de flancs, si profond qu'il n'a pas « de fin. »

De la Baltique à la mer Noire, la Russie confine à l'Allemagne, à l'Autriche, à la Roumanie. Sur ces frontières, qui mesurent un développement total de 2,800 kilomètres, on distingue deux théâtres d'opérations que séparent les marais de la Podolie.

Sur le théâtre du nord (Pologne-Lithuanie) la Russie est tenue de faire *à la fois* face à l'Allemagne et à l'Autriche. Son front de déploiement contre l'Allemagne suit le tracé du chemin de fer *Vilna-Grodno-Bjelistok-Varsovie* et se trouve couvert par la ligne d'eau continue que décrivent le Niémen, le canal Augustov, la Bobra, la Narev et la Vistule. D'autant plus importante que tous les cours d'eau précités sont bordés de marécages, cette ligne est renforcée du fait de la solide occupation de quelques points vifs.

Les principaux points occupés sont les suivants :

Grodno, qui défend le Niémen et commande le chemin de fer *Königsberg-Pétersbourg*, ainsi que la bifurcation sur Moscou par Minsk et Smolensk. A cheval sur le fleuve, cette belle tête-de-pont double a été dotée d'une ceinture d'onze forts détachés (1).

(1) De tous les souverains modernes Pierre-le-Grand est le premier qui ait eu l'idée de mettre les forteresses à l'abri du

Grodno, qui défend aussi le passage du Niémen, maîtrise directement le chemin de fer *Varsovie-Pétersbourg*. Cette place est appuyée de quelques ouvrages qu'on se propose de renforcer.

Noyau central de quatre forts détachés, *Gonionds* couvre le nœud de chemins de fer de *Bjelistok*, place ancienne que l'on se propose de transformer en camp retranché. En avant de Gonionds, on a élevé à *Grajevo* quelques ouvrages destinés à maîtriser la ligne de pénétration *Kōnigsberg —Brzesc-Litevski*.

La frontière occidentale de Russie dessine, vers son centre, une saillie prononcée dite « saillant polonais » dont le *summum* n'est qu'à 300 kilomètres de Berlin. Organisée en tête stratégique, cette pointe a reçu le nom de « Quadrilatère de Pologne ». *Ivangorod, Varsovie, Novo-Georgievsk* et *Brzesc-Litevski* constituent les sommets du quadrilatère.

Assise au confluent de la Vistule et du Vieprcz, *Ivangorod* est munie d'une enceinte qu'entoure une ceinture de neuf forts détachés dont l'un — le *fort Gortchakov* — fait spécialement office de

bombardement; et ce, en les dotant d'une ceinture d'ouvrages détachés de l'enceinte ou corps-de-place.

Ultérieurement, l'idée fut épousée par l'esprit ardent de notre Montalembert.

tête-de-pont sur la rive gauche de la Vistule.

Étoile des chemins de fer venant de Danzig, Berlin et Vienne et qui, de là, se dirigent sur Pétersbourg, Moscou et Odessa, *Varsovie*(Varschau) est d'une importance considérable. Assise rive gauche de la Vistule, cette place sert de noyau central à onze forts détachés ayant pour réduit la « citadelle Alexandre ». Sur la rive droite, le faubourg de Praga est couvert par cinq autres forts dont l'un, adossé à la Vistule, sert aussi de réduit.

Novo-Georgievsk occupe, au confluent de la Vistule et de la Narev, l'emplacement de l'ancienne Modlin. C'est une tête-de-pont double, bien couverte par des forts détachés.

Le système de ces trois forteresses (Ivangorod, Varsovie, Novo-Georgievsk) a pour réduit *Brzesc-Litevski*, bâtie à cheval sur le Bug et adossée aux marais de Pinsk. Nœud de quatre chemins de fer, ce vaste camp retranché appuyé de douze forts, enferme nombre d'abris et de grands magasins.

Ainsi organisé, le « quadrilatère de Pologne » constitue une vaste et forte place de rassemblement, un réduit colossal à l'intérieur duquel les russes peuvent accumuler, dès le temps de paix, d'immenses ressources en vivres, munitions et approvisionnements de toute espèce. Pour faciliter la concentration de leurs forces sur le théâtre d'opérations du nord, ils y entretiennent en permanence une garnison d'un effectif considérable.

A l'est du grand quadrilatère s'étend une région difficile, sinon impraticable. De telles surfaces de marécages n'avaient évidemment besoin de l'appui d'aucun ouvrage défensif; de fait, on n'en rencontre aucun dans ces steppes boueuses à travers lesquelles une armée n'oserait pas s'aventurer.

En arrière des difficultés opposées par ce désert fangeux courent d'autres obstacles naturels, ceux que forme la ligne d'eau quasi-continue *Düna-Bérésina-Dniepr*. Cette barrière est appuyée des forteresses de *Dünabourg*, *Bobruisk* et *Kiev*, qui en exaltent singulièrement les propriétés défensives.

Dünabourg, sur la Düna, est une tête-de-pont double, commandant un nœud de cinq chemins de fer dont l'un se dirige sur Pétersbourg.

Étoile de voies de communication et tête-de-pont double à cheval sur la Bérésina, *Bobruisk* est protégée par une enceinte et quelques ouvrages détachés.

Assise sur les rives du Dniepr, *Kiev* renferme des magasins énormes, un grand parc de siège et d'immenses approvisionnements. Il y a peu de temps encore, les fortifications de cette grande place se réduisaient à une citadelle servant de réduit à quelques ouvrages établis sur les hauteurs sud de la ville. Elles se composent aujourd'hui de deux lignes de forts détachés, chacune comprenant une vingtaine d'ouvrages. Ainsi dotée d'une valeur exceptionnelle, Kiev est la base d'opérations indiquée aux corps de troupes russes qui auraient à s'opposer aux mouvements d'une armée autrichienne débouchant de la Galicie par le sud des marais de Pinsk.

Tracé suivant la ligne ferrée *Ivangorod-Lublin-Kovel-Rovno*, le front de déploiement de la Russie contre l'Autriche s'appuie : sur la droite, à Ivangorod ; sur la gauche, à *Mikhaïlograd*.

Cette place de Mikhaïlograd (1) coupe la seule zone de terrain — fort étroite — à travers laquelle pourraient s'établir des communications entre les opérations du nord et celles du sud des marais de Pinsk. On en fait actuellement un puissant camp retranché qui sera muni de bon nombre d'ouvrages. L'ancienne place de *Dubno* lui servira d'avancée au sud.

Ce front de déploiement contre l'Autriche-Hongrie se trouve, ainsi qu'on le voit, dans de bonnes conditions.

(1) C'est l'ancienne ville de Luzk (Volhynie) dont on a déplacé la population.

Sur le théâtre d'opérations du sud (Podolie-Bessarabie) la Russie a peu de chose à craindre. Sa frontière suit d'abord le Prout, puis le Danube et la branche nord du Delta. De ce côté sa situation est excellente; aussi a-t-elle borné ses mesures de défense à la transformation en camp retranché de *Khotin* qui commande le cours du Dniepr. Conjuguée avec l'ancienne place de *Kamenez-Podolski*, Khotin constitue une position remarquable sur laquelle les russes peuvent s'appuyer à l'effet de prendre en flanc toute attaque qui serait tentée soit par l'Autriche, soit par la Roumanie.

Au nord de cette position, l'ancienne place de *Proskurov* commande la voie ferrée *Lemberg-Odessa;* au sud, *Bender* et *Tiraspol* maîtrisent les lignes *Jassy-Odessa* et *Galatz-Odessa*. En arrière enfin de cette section de frontière, se trouve Kiev dont l'importance a déjà été signalée (1).

(1) Un mot seulement touchant l'organisation défensive du Caucase.

Au nord de ce massif montagneux, le Terek et de Kouban forment une ligne naturelle de défense vers le centre de laquelle se trouve la belle position de *Vladikavkas*, reliée par une voie ferrée à Odessa. Vladikavkas est, d'ailleurs, mise en relation directe avec *Tiflis* par une route militaire traversant la montagne par la passe de Dariel. Le cours du Terek et celui du Kouban sont appuyés de quantité de petits forts qui se réduisent souvent à de simples blockhaus.

Au sud du Caucase, la forteresse de *Kars* commande, contre la

Voyons l'organisation défensive des frontières maritimes.

L'Océan glacial est fermé à la navigation durant la majeure partie de l'année ; le littoral en est pauvre, sans ressources d'aucune espèce. Personne ne songe, d'ailleurs, à disputer à l'Aigle russe la possession de ces régions inhospitalières. L'unique grand port de la mer Blanche — Arkhangel n'est cependant point dépourvu de défenses. Le fort de *Novo-Dvinskaja* en couvre convenablement l'entrée.

La Baltique dessine, comme on sait, les golfes de Botnie, de Finlande et de Riga.

Le littoral du golfe de Botnie a pour chapelet défensif l'archipel granitique des deux cent quatre-vingts îles d'Aland dont la principale est dotée d'une forteresse couvrant la passe et le mouillage dits *de Bomarsund.*

Le golfe de Finlande, dont l'escadre de l'amiral

Turquie d'Asie, la route d'Erzeroum. Kars est soutenue sur ses derrières par plusieurs places notamment par celle d'*Alexandropol.* Du côté de la Perse, *Erivan* et *Choucha* ou *Schouska* commandent les principales voies de communication.

Les vastes territoires de l'Asie centrale ne sont point dépourvus de fortifications. Bornons-nous à mentionner : *Taschkent,* résidence du gouverneur du Turkestan ; *Perevski* sur le Syr d'Arja, à l'est du lac d'Aral ; — *Vernoë* sur la frontière de Chine, etc., etc.

Gervais a naguère sillonné les eaux, s'ouvre, comme chacun sait, entre la côte de Finlande et la côte d'Esthonie. Semé d'îlots, hérissé de rochers, découpé de *fjords* qui, en cas de gros temps, offrent d'excellents abris aux navires, le littoral finlandais est défendu par d'importants ouvrages permanents.

D'abord, en avant de la pointe d'Hangô, qui sépare les golfes de Botnie et de Finlande, émerge l'îlot fortifié de *Gustavsvarn*, planté là en manière de sentinelle avancée. A l'est de cette vigie se trouve *Helsingfors* dont la belle rade est protégée par *Sveaborg*. Répartis suivant un chapelet de sept îlots distincts, les remparts de Sveaborg sont : les uns, contruits en pierres granitiques ; les autres, taillées dans le roc vif.

A l'embouchure du Kymnène se trouve l'îlot de *Ruotsinsalmi* (Kotha) qui commande une bonne rade, lieu de station de l'escadre chargée de la surveillance des côtes finlandaises.

Plus loin à l'est, au fond d'une baie profonde, au débouché d'un canal qui vient du lac Saïma, *Viborg* commande la route et le chemin de fer d'Abo à Pétersbourg. La baie est fermée par nombre d'îlots ne laissant pratiquer entre eux que des passes difficiles dont la meilleure — dite *Trangsund* — est commandée par des batteries.

La ville est elle-même défendue par une bonne citadelle.

Au fond du golfe, à l'est, se trouve Pétersbourg qui n'est défendue directement que par une citadelle, mais la capitale de l'Empire est admirablement couverte par la grande forteresse de *Kronstadt*, créée par Pierre-le-Grand à la pointe sud-est de l'île de Kotlin. Centre de grands établissements, maritimes, siège de l'Amirauté et principale station de la flotte de la Baltique, Kronstadt est munie : du côté du large, d'une muraille en granit ; du côté terre, d'une ligne à redans à fossés pleins d'eau — le tout formant une enceinte continue. Les passes qui s'ouvrent entre l'île et la terre ferme sont commandées par un système de forts très bien compris. La passe nord est barrée par sept ouvrages permanents — numérotés de 1 à 7 — établis en ligne droite sur une digue en enrochements, laquelle va de Kronstadt au cap Lisiy ; et, en avant de cette ligne, sont établies quatre batteries isolées, numérotées de 1 à 4. La passe sud est gardée par les forts *Kronschlot* et *Menchikov*, en avant desquels se développe le dispositif des forts *Alexandre*, *Pierre* et *Paul*, grosses tours en granit, percées de nombre d'embrasures. En avant encore, une ligne de quatre grands ouvrages : le fort *n° 1* ; — le fort *n° 2* ou *Drit-*

chkanitz; — le fort *nº 3* ou *Milioutine*; — le fort *nº 4* ou *Constantin*. Point n'est besoin d'ajouter que chacun de ces ouvrages permanents comporte un armement de premier ordre. Le fort Constantin, par exemple, est armé de 25 bouches à feu de gros calibre; — le fort Pierre, de 50; — le fort Kronschlot, de 88 pièces; — le fort Milioutine, de canons en batterie sous six tourelles à coupole etc. Et puis, un agresseur aurait à compter avec les défenses sous-aquatiques. C'est ainsi que — pour ne citer qu'un fait — il n'y a pas moins de dix lignes de torpilles *dormantes*, mouillées entre les forts Alexandre et Paul.

Avis à ceux qui auraient envie de forcer les passes de Kronstadt !

Sur la côte d'Esthonie est le port de *Revel*, station d'escadre. Les défenses de Revel servent à couvrir des établissements militaires aussi vastes que ceux d'Helsingfors. Les deux grandes places maritimes se conjuguent pour commander l'entrée du golfe de Finlande.

Un peu à l'ouest de Revel se trouve *Baltisch-Port*, importante station maritime.

Il convient d'observer qu'un réseau de voies ferrées, courant parallèlement, au littoral elliptiforme du golfe, met en communications Helsingfors, Viborg, Pétersbourg, Revel et Baltisch-

Port. Il suit de là que la défense mobile est partout assurée; que des forces respectables peuvent être, en peu d'instants, jetées sur tel point de la côte qui serait l'objet d'une attaque.

Sur le golfe de Riga, la seule place importante est *Riga*, dont l'avant-port *Dünamund* est défendu par plusieurs batteries de côtes.

Enfin, sur la côte de Courlande, les russes font actuellement de Libau (1) un port militaire de première importance. Situé plus au sud que toutes les autres places maritimes de la Baltique, ce point est débarrassé des glaces trois semaines avant Riga; six semaines avant Pétersbourg. S. M. l'empereur Alexandre III y a récemment passé en revue la flotte de la Baltique et, à l'issue de cette revue, S. M. a adressé à S. A. I. le Grand-Duc Alexis Alexandrovitch, grand-amiral de la flotte, un rescrit élogieux où nous lisons ce qui suit (2):

. . . .

« ..... Je salue et je signale avec la joie la plus vive, par ma participation personnelle, l'œuvre nouvellement entreprise par Vous, la construction

(1) Libau, le *Leepaja* des Lettons, est formé par un étang ou « petite mer » (*sic*) que l'on a relié à la Baltique par un assez long canal.

(2) D'après le *Messager officiel* russe, reproduit par le journal français l'*Écho de l'Armée*.

pour la flotte baltique d'un port ouvert toute l'année durant, entreprise qui, à cent soixante-dix ans de distance, se présente comme l'exécution d'un legs de l'empereur Pierre-le-Grand. Sur Vos représentations relativement à l'extrême importance de cette entreprise, j'ai ordonné, en 1890, de commencer la construction à Libau d'un avant-port, à l'abri duquel devait être construit ensuite un port militaire. En dépit des difficultés que présente une rade ouverte et de la rigueur extrême de l'hiver dernier, la première de ces deux constructions arrive à sa fin, considérablement en avance du terme supposé, et il y a tout lieu d'espérer le même succès pour les travaux de construction du port militaire.

« Je suis persuadé que la flotte baltique salue avec joie l'arène et l'activité élargies qui s'ouvrent devant elle. C'est pourquoi, en indiquant aujourd'hui aux marins de la Baltique, par mon ordre du jour, la portée de la solennité actuelle, je leur ai annoncé que je leur confie la défense maritime du port nouvellement construit à leur intention. Je suis absolument convaincu que l'ardent amour de Votre Altesse Impériale pour tout ce qui se rapporte à la marine Vous facilitera le succès de la tâche si difficile qui Vous incombe désormais, à Vous et à la flotte, pour le plus grand bien de l'État. En Vous accompagnant de mes meilleurs vœux dans la voie nouvelle qui s'ouvre devant Vous, je considère comme un devoir agréable de Vous exprimer ma profonde et cordiale reconnaissance pour tout ce que Vous avez déjà fait jusqu'ici en faveur de la flotte et de la marine.

« Votre frère qui Vous aime cordialement et sincèrement

« ALEXANDRE. »

D'autre part, en son ordre du jour adressé à la flotte Baltique, S. M. l'empereur s'est exprimée en ces termes :

« Je confie la défense de notre nouveau boulevard maritime à la vaillance des marins de la Baltique, dans la ferme persuasion que, fidèles aux souvenirs de tant de victoires remportées dans cette mer et à la gloire de *Tchesmé*, de *Navarin* et de *Pétropavloski*, ils sauront défendre contre toutes tentatives les approches de nos frontières, assurer au pavillon russe une tranquille prédominance dans les eaux qui les bordent, et lui permettre de flotter partout où l'exigera la dignité nationale de la Russie ».

Les travaux du port militaire de Libau, d'ores et déjà très avancés, seront vraisemblablement parachevés en 1895.

Les côtes de la mer Noire sont également pourvues de défenses maritimes.

Odessa, qui renferme nombre d'établissements militaires, est aujourd'hui placée sous la protection de quatre môles armés de pièces de gros calibre.

A l'entrée du liman du Dniepr, les forts de *Kinburn* et d'*Otchakov* battent les abords du port de *Kherson* et du grand arsenal de *Nicolaiev*. Assis à l'embouchure du Bug, celui-ci est défendu par un système de batteries et de forts établis sur les deux rives.

A la pointe sud de la presqu'île de Crimée, les russes ont relevé les ouvrages ruinés de *Sébastopol*, qui est ainsi redevenue ce qu'elle était avant la guerre, une place maritime de premier ordre.

Le détroit d'Ieni-Kaleh, qui relie la mer Noire à la mer d'Azov, est défendu par la place de *Kertch*, aujourd'hui l'une des plus imposantes forteresses de l'Europe. L'entrée même de la mer d'Azov est commandée par de puissants ouvrages cuirassés, tels que le fort *Mithridate* et le fort *Todtleben*.

Sur l'estuaire du Don, les fortifications de *Taganrog* maîtrisent l'embouchure de ce fleuve.

Enfin, sur le littoral Caucasique s'échelonnent *Anapa*, *Soukhoum-Kaleh*, *Redut-Kaleh*, *Poti*,

Fort Nicolas, *Batoum* et nombre d'autres postes fortifiés.

En deçà des côtes de la mer Noire, le chemin de fer *Odessa-Vladikaukas* prête un sérieux appui aux opérations des corps mobiles et Kiev constitue le grand réduit central de la défense.

Enfin, les russes ont sur le Pacifique quelques places maritimes, savoir : sur la mer de Bering, *Petropavloski* ; — sur la mer d'*Okhotsk*, le port de ce nom ; — sur la mer du Japon, *Vladivostok* (1). Assise non loin de l'embouchure de l'Amour, Vladivostok est devenue, depuis l'abandon de Nicolaiev, le centre des établissements maritimes que les Russes ont fondés dans ces parages. On y a construit, non sans peine, un magnifique arsenal. Tête de ligne du chemin de fer Transsibérien, elle est appelée à un grand avenir.

Les ouvrages qui concourent à constituer les défenses de l'Empire sont conçus et organisés selon les principes de l'art moderne. Ce n'est pas seulement à la métallurgie que les ingénieurs russes ont demandé des procédés nouveaux ; ils

(1) Le nom de cette place implique la signification de « Dominatrice de l'Occident. »

ont encore fait appel à l'aide de l'industrie et des arts mécaniques; ils n'ont pas craint de recourir à l'emploi de la vapeur et de l'électricité. Les fortifications qu'ils ont élevées ont une incontestable valeur.

XV

LES VOIES DE COMMUNICATION

Les moyens de communication sont de nature à faciliter, dans le temps et l'espace, l'emploi des forces militaires d'un pays. Ce n'est pas sans raison qu'on les classe au nombre des « houstilz » ou instruments de guerre car, à la guerre, la rapidité des mouvements équivaut à un accroissement de forces.

Les routes et chemins ont, au point de vue des intérêts de l'action militaire, une importance que l'on ne saurait méconnaître. Il se présente, en effet, en campagne mille circonstances d'ordre divers qui imposent à une armée l'obligation de réparer ou de détruire une route ; d'ouvrir de nouveaux chemins ; de relier par des communications commodes les sections distinctes d'une position occupée, etc.

Le fait de cette utilité stratégique et tactique ne pouvait échapper aux nations de l'antiquité (1), et les peuples modernes ne procèdent pas autrement que les anciens. C'est ainsi, par exemple que, lors de la guerre de 1877-78, les russes ont ouvert nombre de routes en Bulgarie.

Le réseau des voies de terre nationales est surtout à considérer, puisqu'il permet de faire arriver à une frontière les troupes qui sont appelées à la défendre, et il convient d'observer que l'avènement des chemins de fer n'a pas fait perdre aux routes leur importance d'autrefois.

Celles de la Russie sont donc éminemment utiles, mais malheureusement, souvent impraticables à raison des intempéries d'un climat rigoureux.

Les voies navigables se distinguent en communications *maritimes* et *fluviales*. Celles-là prêtent aux armées de terre un précieux appui. Or, la Russie n'a pas moins de 8,000 kilomètres de côtes (2) sur lesquelles s'ouvrent des ports offrant un sûr mouillage à quantité de transports et de navires de guerre.

(1) Les conquérants des temps antiques avaient des ingénieurs militaires chargés du soin d'ouvrir à leurs armées de bonnes routes d'invasion. Pline nous a conservé les noms de ceux qu'Alexandre employait en Asie centrale, dans ces régions que les russes viennent, à leur tour, de conquérir.

(2) Les autres États de l'Europe n'en comptent ensemble que 25,000.

Les voies fluviales n'ont pas, au point de vue de la conduite des opérations militaires, moins d'importance que les voies maritimes, et cette importance est loin de s'effacer au cours des temps modernes. Avant la construction des chemins de fer, la navigation intérieure offrait aux russes leur principal moyen de commuuication et, aujourd'hui encore, ce moyen est loin d'être délaissé, comme on le verra tout à l'heure; il était tout indiqué par la nature des conditions oro-hydrographiques du pays. Du plateau de Valdaï, région culminante du territoire, descendent, en effet, nombre de cours d'eau : la Volga qui court à la mer Caspienne; — le Dniepr qui va tomber dans la mer Noire; — le Niémen et la Düna qui se jettent dans la Baltique; — les rivières qui alimentent les lacs Ladoga et Onéga, d'où sort la Neva, etc. Tous ces fleuves sont considérables (1); tous sont bordés de tourbières, de «prairies tremblantes», de vastes forêts marécageuses; ils sont généralement reliés entre eux par des « blancs d'eau» qui, durant la saison des pluies, deviennent praticables à des embarcations.

Mais comment, dans la saison sèche, passer d'un

(1) La Volga, par exemple, mesure une longueur supérieure à celle de tous les fleuves de l'Europe; elle roule d'énormes masses liquides.

bassin dans un autre? On le faisait primitivement en suivant la méthode dite « des portages » (1). Plus tard, il se fit des routes contournant les marais et traversant les bois, mais une telle solution du problème n'était pas sans inconvénients, attendu qu'elle comportait des ruptures de charge et des transbordements. Alors on observa que, prenant source en des régions de peu d'altitude (2), les rivières et fleuves de Russie ne sont séparés que par des crêtes ou lignes de partage de faible relief. On conclut de là qu'il n'était pas impossible de trancher des mouvements de terrain d'un modelé complaisant; qu'il n'était même pas difficile de creuser des canaux au cœur d'un pays où les affluents des fleuves à faire communiquer entre eux, s'enchevêtrent les uns dans les autres, et mêlent leurs eaux au moins suivant les sections supérieures de leurs cours. Et, sur ces conclusions, Pierre-le-Grand sut ouvrir la route de la mer Caspienne aux embarcations de la Néva, cette « Tamise russe » dont le Londres était Pétersbourg. Depuis lors, il s'est créé quantité de canaux (3) et l'on a obtenu par là des

(1) Toute la partie nord-orientale de la Russie s'appelait autrefois *Zavolotzkaya Tchoud'*, « pays des Tchoudes au delà des portages. »

(2) La source de la Volga se trouve en un point du Valdaï mesurant seulement 300 mètres d'altitude.

(3) Nous citerons : le canal *de l'impératrice Marie*, allant de la

lignes de navigation quasi-continues, mettant en relation les mers qni baignent la Russie.

Le réseau des voies navigables de la Russie d'Europe était, en 1870, de 37,406 kilomètres, dont un soixantième de canaux. Cette navigation intérieure est toujours florissante (1) et de nature à rendre de grands services à l'armée de terre au moment d'une mobilisation.

Au cours de cette période de mobilisation, les voies ferrées offrent aux réservistes ainsi, qu'aux hommes de l'*opoltchénié*, le moyen de rejoindre rapidement leurs unités d'affectation. Elles permettent à l'autorité militaire de grouper — également en un temps très court — ces unités sur le territoire du corps d'armée auquel elles appartiennent.

La mobilisation une fois parachevée, il s'agit de transporter à la frontière menacée les troupes et le matériel de guerre disséminés par

Néva à la Volga ; — les canaux *de Catherine* et *de Kubinskoï*, reliant la Dvina à la Volga ; — le canal *Augustov*, unissant le Niémen à la Vistule ; — les canaux *Oginski* et *Royal*, menant du Dniepr à la Baltique ; — le canal *Ivanov*, mettant en relation le Don et l'Oka, etc.

(1) Pour les besoins de la navigation intérieure de l'Empire, il s'est construit — de 1865 à 1869 — 55,618 embarcations, soit près de 11,000 par an.

Le tonnage de ces bateaux est, en moyenne, de 150 à 160 tonnes. Certains steamers de la Volga peuvent en porter jusqu'à 2,000.

tout le territoire national. Sur un terrain de dimensions relativement restreintes — dit *zone de concentration* — il faut rassembler des armées pourvues de tout ce qui leur est nécessaire pour vivre et pour combattre. Or les armées modernes sont tellement énormes que l'emploi des chemins de fer est seul de nature à permettre d'en effectuer la concentration avec une rapidité suffisante. Voilà pourquoi l'on voit toutes les puissances européennes s'imposer de grands sacrifices à l'effet de construire des lignes *stratégiques,* c'est-à-dire pouvant favoriser le succès de cette concentration rapide, si activement recherchée.

Enfin, pour assurer la bonne exécution du service de ravitaillement — en vivres et munitions — des armées appelées à tenir la campagne, il est indispensable que ces forces se donnent constamment la main à l'intérieur du pays. Les effectifs absurdement formidables que l'on met aujourd'hui sur pied auraient vite fait d'épuiser les ressources des contrées les plus opulentes ; le problème de l'alimentation des combattants serait absolument insoluble, si l'on ne disposait d'un système rationnel de voies ferrées.

Ces voies sont donc incontestablement l'un des éléments les plus essentiels de la puissance militaire d'un État. Un réseau de chemins de fer bien tracé constitue une arme offensive de premier ordre; c'est, en même temps — aussi bien et même mieux qu'un système de forteresses — une arme essentiellement défensive; c'est le moyen de réaliser une concentration rapide à la frontière et d'exécuter, à l'intérieur, des mouvements en harmonie avec les intérêts bien entendus de la défense du territoire.

Le développement des chemins de fer de la Russie d'Europe (1) était, au 1er janvier 1889, de 29,410 kilomètres, chiffre qui, au point de vue de la longueur totale, place cette puissance au cinquième rang de tous les États du globe. Pour qui considère le rapport de cette longueur à la superficie du territoire (2), la Russie n'occupe que le vingt-troisième rang; eu égard à sa population, elle n'est qu'au trente-cinquième. En d'autres termes, elle ne possède qu'un demi kilomètre par myriamètre carré et 3 kilomètres 200 pour 10,000 habitants (3).

Sur son front de déploiement face à la fron-

(1) Y compris la Finlande.

(2) Deux millions de kilomètres carrés.

(3) La France compte 6 kilomètres 700 par myriamètre carré et 9 kilomètres 200 pour 10,000 habitants. Elle a donc, à superficie égale, plus de treize fois autant de chemins de fer que la Russie et un peu moins de trois fois autant sous le rapport de la population.

tière occidentale de l'Empire se branchent quatre grandes lignes venant de l'intérieur, savoir : *Pétersbourg-Vilna* ; — *Moscou-Bjelistok* ; — *Saratov — Brzesc-Litevski* ; — *Odessa-Rovno*. Il convient, de tenir compte en outre, de la ligne *Vladikavkas-Vilna* qui permettrait de faire arriver les troupes du Caucase sur les lieux de concentration.

Tels sont les principaux éléments du réseau stratégique (1).

Toutes les lignes russes, à l'exception de deux d'entre elles (2), comportent une entre-voie plus large que celle des chemins de fer du reste de l'Europe (3). Il suit de là que les transports de troupes ennemies doivent nécessairement stoper à la frontière politique. Au cas où il aurait réussi à forcer l'entrée du territoire, l'adversaire se verrait contraint de faire subir soit à son matériel, soit à la voie russe une transformation qui demanderait un temps considérable. Voilà, sans contredit, un important facteur de la force de résistance à l'invasion.

(1) En arrière de leur front de déploiement sus-mentionné, les russes peuvent encore utiliser la ligne *Bjelistok — Brzesc-Litevski-Kovel*, sur laquelle s'embranchent quatre lignes de concentration et la ligne *Vilna-Rovno*, collectrice de cinq autres lignes.

(2) *Berlin-Thorn-Varsovie* et *Vienne-Granica-Varsovie*.

(3) 1m 524 au lieu de 1m 422.

En prévision des événements qui peuvent se produire, la Russie s'attache à développer de plus en plus la valeur militaire de son réseau. Pour accomplir cette tâche, elle dispose d'une pléïade d'ingénieurs émérites, d'officiers et de soldats dévoués qui déjà ont très brillamment fait leurs preuves, témoin l'étonnante construction du chemin de fer Transcaspien. A l'appui de ce dire nous ne saurions nous dispenser d'exposer, en quelques mots, le mode d'exécution des travaux de la voie Transcaspienne.

Les russes n'ont parachevé qu'en 1860 la pacification de la Transcaucasie, de l'admirable vallée qui s'ouvre entre le Grand et le Petit Caucase et débouche: d'une part, sur la mer Noire; de l'autre, sur la Caspienne. Mesurant 900 kilomètres de long sur 250 de largeur moyenne, cette vallée est à deux versants opposés dont l'un, le plus étendu des deux, constitue la Transcaucasie orientale et comprend le bassin de la Koura (Kour), le Cyrus des anciens. Rien de plus beau que la région arrosée par la Koura et son affluent, l'Araxe. Rien ne sera plus riche que cette Géorgie et cette Arménie, après qu'elles auront été vivifiées par un vaste réseau de canaux d'irrigation. L'antiquité ne connaissait pas de pays plus fertile, occupé par une population plus dense, témoins ces nombreux vestiges de villes ouvertes et de places fortes qu'on y rencontre, pour ainsi dire, à chaque pas. En cherchant bien, les archéologues y découvriraient les ruines de la célèbre Artaxiasata, jadis fondée par Annibal. La traversée de l'ithsme Transcaucasien s'effectue aujourd'hui par voie ferrée, en un temps relativement court.

Batoum, port de la mer Noire, n'est plus qu'à deux jours de Bakou, port de la mer Caspienne.

On embarque à Bakou, la ville du pétrole, pour faire la traversée de cette Caspienne aux lames courtes, plus dangereuse et plus dure que la mer Noire, laquelle est, comme on sait, plus dure que la Méditerranée. Le parcours est d'environ 350 kilomètres. Vingt heures de séjour à bord et l'on débarque à Ouzoun-Ada, port de création récente, dont la pratique a prévalu sur celle de Krasnovodsk, ancien chef-lieu de la province Transcaspienne. Ouzoun-Ada a aussi remplacé Mikhaïlovsk comme tête de ligne du chemin de fer Transcaspien.

C'est à l'année 1880 que se rapporte l'exécution des premiers travaux de ce chemin de fer si rapidement et correctement construit, et voici à quelle occasion eut lieu l'entreprise : le général

Lomakine avait dû expéditionner, en 1878, contre une peuplade de pillards turcomans, habitant l'oasis d'Akhal-Tekké. Forcé, l'année suivante, de refaire cette expédition, le général Lazarev se porta jusqu'à 380 kilomètres du rivage oriental de la mer Caspienne... mais là, sous les murs de Ghéok-Tépé, il eut à subir un échec. De plus, faute de moyens de transport et de ravitaillement, sa retraite s'accomplit dans des conditions désastreuses.

C'est à l'illustre Skobelev, secondé de son lieutenant Kouropatkine, qu'était réservée la gloire de la revanche. En vue d'avoir enfin raison des pirates du désert, Skobelev établit sa base d'opérations partie à Krasnovodsk, partie à Mikhaïlovsk, où se formèrent, d'après ses ordres, de grands approvisionnements de rails destinés à la pose d'une voie stratégique. L'étude de cette communication à ouvrir à travers le Karakoum fut faite par une brigade d'ingénieurs et d'officiers placés sous la direction du prince Hilkov; la construction en fut confiée au général Annenkov, ancien attaché militaire à l'ambassade russe de Paris. Vigoureusement et intelligemment entrepris, les travaux furent poussés du port de Mikhaïlovsk jusqu'à l'entrée de l'oasis d'Akhal-Tekké, soit 225 kilomètres de parcours. L'ouverture, en temps utile, de cette voie ferrée permit au « général blanc » (Skobelev) de concentrer ses moyens d'action contre la forteresse de Ghéok-Tépé, qu'il emporta d'assaut, non sans peine.

Telle est l'origine du chemin de fer Transcaspien.

Depuis lors (1880), les russes ont poussé en avant. Leur magnifique voie ferrée asiatique passe aujourd'hui par Askhabad, chef-lieu de la Transcaspienne, par l'oasis de Merv, par la ville boukhare de Tchardjoui, et aboutit à Samarkand, la célèbre capitale de Tamerlan, sise à 1700 kilomètres des rivages de la mer Caspienne.

Les constructeurs se heurtèrent à plus d'un obstacle au cours de l'exécution de cette longue ligne, que suivent maintenant tranquillement des trains réguliers de voyageurs. Il leur fallait se garantir de l'invasion des sables, s'approvisionner de toutes choses au milieu d'un désert sans eau, pourvoir aux exigences du chauffage dans un pays dépourvu de bois et loin de tout centre houiller. Or ils ont glorieusement eu raison de ces difficultés d'ordre majeur.

La zone des sables mouvants, qui mesure une étendue totale de plus de 300 kilomètres, a été vaincue moyennant l'établissement d'une série de petites palissades plantées perpendiculairement à la direction des vents régnants. Les ingénieurs ont, d'ailleurs, revêtu les talus d'une petite épaisseur d'argile ou de terre arrosée d'eau salée; fixé les arêtes de ces talus par des haies d'arbustes (*saxaouls*); arrêté les dunes mobiles par des semis de plantes à racines plongeant profondément dans le sol.

Pour subvenir au manque d'eau potable, il leur a fallu distiller de l'eau de mer et amener dans des *wagons-citernes* le produit de la distillation. Concurremment, partout où la chose était possible, ils ont ouvert des puits, capté des sources, creusé des canaux à ciel ouvert, organisé des conduites et, de la sorte, conjuré tout danger.

Enfin, l'idée leur est venue d'employer pour combustibles les résidus de pétrole provenant des usines de Bakou; ils ont satisfait de cette façon aux besoins du personnel et assuré l'exécution du service d'alimentation des locomotives.

N'omettons point de noter l'obstacle le plus sérieux que les russes aient rencontré dans leur marche à travers le Turkestan — celui que leur opposait l'Amou-Daria, l'Oxus des anciens. Mesurant, à la hauteur de Tchardjoui, 2 kilomètres de largeur moyenne — largeur qui croît jusqu'à 6 kilomètres à l'époque des inondations — ce fleuve roule des eaux tumultueuses dont la vitesse est de plus de six nœuds. De là des affouillements — souvent considérables — sur des fonds essentiellement mobiles et d'incessantes modifications du profil en travers. Or les ingénieurs du Transcaspien ne se sont pas trop émus du fait de ces conditions défavorables. Ils ont vaillamment fait un pont en charpente, lequel a pour supports fixes un solide système de plus de 1000 pilots. Entrepris en septembre 1886, cet imposant ouvrage d'art était parachevé en janvier 1888.

Donner des détails techniques touchant le mode de construction de ce merveilleux Transcaspien, ce serait assurément faire ici un hors-d'œuvre. Nous ne saurions, toutefois, nous dispenser de signaler à l'admiration de nos compatriotes l'esprit d'ordre, de méthode et de précision quasi-mathématique qui, sous l'inspiration du général Annenkov, a présidé à l'exécution des travaux.

En tête du chantier mobile s'avançaient, sous la direction des ingénieurs, les travailleurs indigènes chargés du soin de faire l'infrà-structure, c'est-à-dire les terrassements et les maçonneries. Derrière eux, à distance convenable, venaient les soldats des *bataillons de chemins de fer*, qui sur la plate-forme préparée posaient les traverses et les rails de la voie. Cette voie une fois posée, les ingénieurs la reprenaient en sous-œuvre et la perfectionnaient. Ils précédaient et suivaient le personnel militaire, lequel occupait, comme on sait, un *train-caserne* composé de 34 voitures. Les hommes étaient répartis en deux brigades appelées à travailler : la première, de six heures du matin à midi ; la seconde, de midi à six heures du soir. Mesure des plus sages, éminemment favorable à la conservation de la bonne santé d'une troupe ayant mission d'accomplir un travail de longue haleine sous un climat débilitant ! Dans ces conditions, les braves gens du *1er bataillon Transcaspien* posaient 7 mètres de voie en quelques minutes — soit, à peu près, 4 kilomètres par jour. Tel était l'avancement quotidien du travail.

Quand on songe que la manœuvre s'accomplissait correctement, avec une régularité parfaite ; que les arrivages de matériel s'effectuaient ponctuellement, chacun à l'heure voulue ; que tout était prévu dans l'organisation et pour le fonctionnement irréprochable des chantiers mobiles; qu'il ne s'est jamais produit ni temps d'arrêt sérieux, ni à-coups, ni mécomptes, on ne peut, il faut le répéter, se défendre d'un profond sentiment d'admiration. Il convient d'observer, en outre que, au cours de l'exécution de ces travaux, les russes n'ont jamais cessé de suivre le programme qu'ils s'étaient tracé et qui peut se résumer en deux mots : *économie, célérité.* Les dépenses de construction du Transcaspien ne se sont guère élevées, en moyenne, qu'à 75,000 francs le kilomètre. En ce qui concerne la rapidité d'exécution, n'omettons pas de faire mention des regrets de ces compagnies industrielles qui écrivaient au général Annenkov : « Vous avez été si vite que nous n'avons pas eu « le temps de vous faire nos offres de service. »

Donc le succès est irrécusable et d'autant plus frappant que personne, au début, ne voulait croire au Transcaspien. Skobelev lui-même émettait des doutes sérieux touchant la réalisation du projet ; seuls, S. M. l'Empereur, les grands-ducs Nicolas et Michel avaient eu la foi. Et ces princes avaient su faire passer dans le cœur d'Annenkov ce sentiment que la voie ferrée à construire serait un gigantesque monument de grandeur morale, portant l'empreinte de la plus éminente des vertus qui font l'homme : la volonté. La persévérance du général a répondu aux hardiesses de conception de son Souverain et, quand le bataillon de chemins de fer eut posé son dernier rail à Samarkand, l'Europe, frappée de saisissement, a acclamé le triomphe de la Russie ; elle a proclamé que la méthode suivie par le général Annenkov est de nature à servir de modèle à qui aura désormais à faire passer un chemin à travers des déserts de sables (1).

La création du Transcaspien a eu pour effet le déplacement du centre de gravité de l'Empire, et de ce fait il est permis d'inférer que les russes ne manqueront point de relier les lignes du Turkestan à leurs possessions d'Europe. On peut penser que, dans un avenir prochain, leur voie ferrée transcaspienne franchira le Syr-Daria — l'Iaxarte des anciens — pour gagner Tachkent, grande ville de 100,000 âmes, sise à 300 kilomètres de Samarkand. Il est présumable que, partant de Tachkent, le tracé passera par le nord-ouest du lac d'Aral et se dirigera sur Moscou par Orenbourg et Samara. Voilà, vraisemblablement, comment le réseau russe asiatique se reliera au réseau européen.

Ainsi lancés, les russes ne sont pas près de s'arrêter dans la carrière qu'ils se sont si brilamment ouverte. S. M. l'empereur Alexandre III a conçu le plus vaste dessein du monde, celui d'un chemin de fer d'une étendue considérable et dont

(1) Voilà, par exemple, le type qu'il nous faudra copier quand nous entreprendrons la construction de notre Transsaharien, de cette voie qui promet d'être, à tous points de vue, féconde en résultats précieux. Imitons de tous points les russes ; nous ne saurions prendre un meilleur modèle.

le Transcaspien pourrait être dit, sous le rapport de l'importance, le modèle réduit à l'échelle du cinquième. Mesurant de 8 à 9,000 kilomètres de développement total, la ligne projetée est celle qui doit traverser toute la Sibérie méridionale à l'effet de relier l'Oural au Pacifique. Impossible de concevoir une idée plus grandiose!... En regard d'une œuvre aussi colossale, les fameuses « merveilles » de l'antiquité ne sont que de simples joujoux.

Ce n'est pas d'aujourd'hui qu'il est question de procéder à la construction d'un grand central Transsibérien; il y a déjà quinze ou vingt ans que la question s'est posée à Pétersbourg. Il s'y est publié, à ce sujet, quantité de Mémoires parmi lesquels il convient de citer ceux du général Tchernaiev et de l'ingénieur Ostrovski, directeur du chemin de fer de l'Oural. L'opinion publique se prononçait franchement en faveur de la création des lignes Transsibériennes quand les événements de la guerre de 1877-1878 eurent pour premier résultat l'abandon momentané de toute espèce de projets.

Dix ans après, en 1887, l'idée fut reprise et, cette fois, officiellement. L'amiral Possiet, ministre des voies et communications, reçut l'ordre de commencer les études, et S. M. l'Empereur institua un Comité spécial, chargé du soin d'en suivre le cours. Présidé par M. Abaza, président de la section des Finances au Conseil d'État, ce Comité comprenait en qualité de membres : les ministres de la Guerre, des Finances, des Travaux publics; le général Ignatiev, gouverneur général de la Sibérie orientale; le général Korv, gouverneur des provinces de l'Amour et du Littoral. Il eût été difficile de concevoir un groupe de notabilités plus diverses et plus compétentes, chacune en sa sphère.

Or, après examen et mûres réflexions, le Comité émit à l'unanimité cet avis que, eu égard aux besoins de la colonisation sibérienne, aux exigences du commerce, aux intérêts de la défense du territoire de l'Amour, il convenait de déclarer l'urgence de la création du grand central Transsibérien.

Sans retard — en juin 1887 — S. M. l'Empereur ratifiait le vote du Comité spécial.

Immédiatement les études interrompues furent reprises et poursuivies dans un ordre d'urgence indiqué par le Comité. Il fut admis qu'on devait commencer par aborder les régions sur l'étendue desquelles la navigation fluviale fait totalement défaut, c'est-à-dire les sections *Tomsk-Irkoutsk-Stretensk*, d'une part; *Boussé-Vladivostok*, d'autre part. Conformément à ces indications, trois ingénieurs distingués — MM. Méjénikov, Viasemski et Oursati — procédèrent avec diligence aux études nécessaires, études qui, poursuivies sans interruption, furent parachevées en 1889.

Dès le mois d'août de cette année 1889, S. M. l'Empereur, Son conseil de l'Empire entendu, signait l'oukase impliquant approbation du projet de tracé de la section *Tomsk-Irkoutsk.* D'autres oukases analogues interviendront, chacun à son heure.

Quant au tracé général, en voici la description sommaire :

Après avoir coupé les plaines des gouvernements d'Orenbourg, de Tobolsk, Omsk et Tomsk; après avoir, par conséquent, franchi trois grands cours d'eau — l'Irtych, l'Ob, l'Yénisséi, — la ligne transsibérienne contourne la pointe sud du lac Baïkal, traverse les hauts plateaux de la Transbaïkalie, escalade vers Schita les monts Yablonoï et de là, par Blagovetchensk, se dirige vers la vallée de l'Amour. Cette vallée, elle la descend jusqu'au confluent de l'Amour et de l'Oussouri. Là, rebroussant brusquement vers le sud, elle remonte l'Oussouri et aboutit à Vladivostok, le grand arsenal maritime que les russes se sont créé sur la mer du Japon.

Les ingénieurs estiment que, malgré tous les

obstacles — prévus ou non prévus — qui entraveront leur entreprise, il ne leur faudra pas plus de quatre ou cinq ans pour exécuter ce projet, le plus vaste, le plus extraordinaire que l'esprit de l'homme ait jamais conçu. L'œuvre géante est amorcée, les travaux marchent à grands pas et déjà des résultats sont acquis. S. A. le Grand-Duc héritier assistait, le 31 mai 1891, à l'inauguration d'une première section de la voie.

Cette œuvre colossale sera, ce nous semble, de nature à modifier singulièrement les relations internationales, à rompre en sens divers l'équilibre économique et politique qu'admettent actuellement les grandes puissances du globe. Ainsi que l'oberve fort bien M. Edgar Boulangier, les migrations humaines s'effectuaient jadis d'orient en occident. Aujourd'hui, le jour du reflux est arrivé... déjà nous en voyons poindre l'aube!... ces exodes de peuples s'opéreront désormais d'occident en orient.

Quelles seront les conséquences d'un tel renversement de sens des courants humains? Voilà ce qu'il est encore impossible de prévoir. Sans prétendre au titre de prophète, on peut cependant, dès à présent, signaler un résultat que doit nécessairement impliquer l'inauguration du Transsibérien complet. Pour faire le tour du monde il ne faudra plus quatre-vingts jours, comme le voulait l'intéressant livre de Jules Verne, mais cinquante-huit jours seulement.

Quoiqu'il doive advenir, honneur à ceux qui ont de telles conceptions et qui, ayant fait leurs preuves, nous paraissent être parfaitement en mesure de les réaliser !

Honneur au génie russe !

XVI

SITUATION MARITIME DE LA RUSSIE.

On a souvent dit et répété qu'une puissance continentale qui n'est pas appuyée d'une bonne marine militaire est un oiseau sans ailes, une sorte de manchot ou pingouin cloué sur les rivages qui l'ont vu naître. Tel n'est point le cas de l'Aigle impériale russe dont les ailes puissantes peuvent battre au loin l'espace et braver la tempête déchaînée sur les mers.

Toutefois, le pavillon blanc à la croix de Saint-André d'azur ne flotte au vent que dans des conditions assez peu favorables au développement de son activité. La Russie, en effet, n'a de débouchés libres sur aucune mer absolument libre. L'Océan glacial arctique lui est fermé par des obstacles naturels à peu près insurmontables. La Baltique n'est qu'une sorte de grand lac toujours gelé, en partie au moins, de décembre à avril, et qui devient, au dégel, une polynésie semée de dangereux écueils (1). Au sud, la navigation est tenue de subir une sujétion insupportable, celle de ne pratiquer librement que les eaux d'une mer intérieure fort inhospitalière, de ce dangereux « Pont-Euxin » des anciens dont, par surcroît de difficultés lamentables, la clef se trouve aux mains d'un étranger, de celui que M. de Metternich appelait « le sublime portier des Détroits ». La Caspienne, la mer d'Aral et le Baïkal ne sont autre chose que de grands lacs sans relations avec l'extérieur (2). Enfin, le Pacifique nord ou boréal, est fréquemment obstrué par les glaces. Pour avoir pleine et entière liberté d'allures, en dépit des rigueurs du climat et des mauvais vouloirs de la politique, la Russie aurait besoin de prendre pied sur les rivages de la Méditerranée, soit directement, soit par le moyen d'une alliance.

Halte-là !... les anglais sont là !... car ils sont partout, les enfants de cette intraitable Albion qui aspirent à l'empire des mers et croient naï-

(1) C'est sans doute pour avoir touché sur l'un de ces récifs que le cuirassé *Russalka* vient de se perdre corps et biens.

On a compté que, de 1713 à 1893, la Russie a perdu plus de cent bâtiments (exactement cent six) dans le golfe de Finlande.

(2) Il convient toutefois d'observer que le canal ouvert par Pierre-le-Grand établit, jusqu'à certain point, une communication entre la Néva et la Volga, soit entre la Baltique et la mer Caspienne. Voyez ci-dessus le chap. XIV. — *Voies de communication*.

vement que le globe n'a été créé et n'est fait que pour eux.

Les Romains l'appelaient « notre mer » (*mare nostrum*), cette Méditerranée aux flots bleus, que notre patriotisme excessif a mainte fois nommée un « lac français ».

Actuellement, il faut en rabattre.

L'Angleterre occupe l'Égypte ; elle possède la quasi-totalité des actions du canal de Suez ; elle a su profiter sournoisement des événements qu'on n'a pas oubliés pour obtenir du Sultan la cession de l'île de Chypre. Maîtresse de Malte, elle surveille de là les passages qui mènent de la Méditerranée latine à la Méditerranée grecque. On sait qu'en Tunisie elle convoite Bizerte et qu'en Espagne elle occupe Gibraltar, ce fameux Gibraltar qu'elle rêve de conjuguer avec Tanger (1),

(1) Après avoir reçu, au dix-septième siècle, Tanger de la main des Portugais, l'Angleterre l'a abandonnée après vingt ans d'occupation stérile. Elle déplore aujourd'hui l'accès de défaillance qui lui a fait lâcher une position considérée, par nos vainqueurs d'Aboukir et de Trafalgar, comme l'indispensable complément d'un Gibraltar fortifié à outrance.

Aujourd'hui, l'Angleterre ne saurait évidemment songer à s'emparer de Tanger que dans le cas où de graves complications mettraient les autres puissances de l'Europe hors d'état de s'opposer à l'exécution d'un pareil coup de main, mais il est bien souvent des prises de possession occultes. Messieurs les anglais ont eu l'adresse de faire confier à des officiers de leur nation la construction d'un certainn ombre de batteries marocaines ; ce sont des canons anglais qui constituent l'armement de ces batteries ; il s'y trouve des canonniers de la flotte anglaise mêlés à des serafin d'être maîtresse absolue des colonnes d'Hercule. Mais, aujourd'hui que le tir des bouches à feu de gros calibre comporte des portées énormes, le vieux rocher de Calpé suffit bien, à lui seul, à fermer le détroit. Il est donc bien permis de dire que l'Angleterre a, d'ores et déjà, en main toutes les clefs de cette mer intérieure qui, de tout temps, a été, entre l'orient et l'occident la voie publique des échanges commerciaux ; que la Méditerranée est, jusqu'à certain point, devenue « lac anglais ».

Le Directoire avait autrefois bien compris le danger dont nous étions menacés sur le chemin de l'orient. L'expédition du général Bonaparte en Égypte n'avait eu pour objet ni la conquête de la Syrie, ni celle des Indes (1), mais l'occupation d'une position qui permît à la France de faire équilibre aux forces méditerranéennes de l'Angleterre ; d'assurer à notre commerce national une bonne situation dans le Levant.

Contrairement aux idées de Napoléon Ier, Napoléon III professa toujours — malheureusement pour nous — une prédilection marquée pour l'alliance anglaise, et cette tendance déplorable

vants marocains. Nos voisins d'outre-Manche sont donc, dès à présent, en mesure de faire bonne figure au Maroc.

(1) Le « grand projet » conçu par l'empereur Paul Ier et le général Bonaparte est postérieur au temps de notre expédition d'Égypte. — Voyez Chapitre premier. — *Question d'alliance.*

lui fit diriger la politique de la France dans un sens absolument hostile à nos intérêts bien entendus. C'est pour complaire à l'Angleterre qu'on a fait la guerre de Crimée, dans le but d'interdire à la flotte russe l'accès de la Méditerranée. Ce fut une faute, une faute impardonnable, non seulement au point de vue de nos besoins continentaux, mais encore à celui de notre influence en orient. En jetant, comme nous l'avons fait, la Russie hors de la Méditerranée, nous laissions bêtement l'Angleterre maîtresse de la route des Indes, et prépondérante dans la région des Échelles du Levant.

La présence de la flotte russe dans le *mare nostrum* des anglais eût suffi à rétablir l'équilibre d'influences auquel, depuis que la faute est commise, nous aspirons en vain.

Des raisons analogues doivent aussi nous faire condamner la politique suivie à l'égard des italiens. En favorisant, comme elle l'a fait, l'unification de l'Italie, sans qu'il lui en coûtât ni de la vie d'un homme, ni un *half-penny*, l'Angleterre comptait bien nous susciter une rivale dans la Méditerranée.

Ce n'est, d'autre part, un mystère pour personne que l'Allemagne rêve de faire de Trieste son arsenal maritime du sud — une fois qu'elle sera, elle aussi, *unifiée*, bien entendu. On sait enfin que l'accession plus ou moins déclarée de l'Angleterre à la Triple Alliance — en vue du fameux équilibre à maintenir sur des eaux qui baignent à la fois le sud de l'Europe et le nord de l'Afrique — est le dernier acte d'une coalition de rancunes et de jalousies opérant contre nous dans l'ombre.

Comme sur le continent, la Russie est seule à même de nous aider faire tête aux coalisés sur ce théâtre méditerranéen, qui ne leur appartient pas encore exclusivement.

Saluons donc avec joie le pavillon blanc à croix de Saint-André d'azur, arboré aux mâts des navires de l'ESCADRE RUSSE DE LA MÉDITERRANÉE.

XVII

LA FLOTTE

La Marine militaire russe comprend quatre flottes dites *de la Baltique, de la mer Noire, de la Caspienne* et *de la Sibérie* (mer d'Aral, lac Baïkal, Océan pacifique).

La flotte *de la Baltique* se compose de : cinq cuirassés d'escadre ; — sept cuirassés gardes-côtes ; — treize monitors ancien modèle ; — huit croiseurs, dont trois à éperon, et trois canonnières — ensemble, trente-six cuirassés d'un armement total de deux cent soixante-seize canons (1).

(1) La classification des navires cuirassés s'établit aujourd'hui sur la base de leur « déplacement ». C'est le nom qu'on donne au poids total du navire, c'est-à-dire à la somme des poids de la coque, de la cuirasse, de la machine, de l'armement et des approvisionnements. Le chiffre de ce déplacement peut — avec une approximation suffisante — être pris pour expression de la

Les eaux de la Baltique sont, d'ailleurs, pratiquées par un certain nombre de navires de guerre non cuirassés, savoir : trois croiseurs à pont blindé; — onze croiseurs; — onze canonnières; — un croiseur-torpilleur à pont blindé; — vingt-quatre torpilleurs de haute mer; — quatre-vingt-dix torpilleurs gardes-côtes; — quatre torpilleurs de 2e classe; — six transports; — quatre yachts et vingt-et-un vapeurs.

Actuellement, en outre, le service des constructions navales a sur chantiers : quatre cuirassés d'escadre; — deux cuirassés gardes-côtes à éperon; — trois croiseurs cuirassés; — deux croiseurs-torpilleurs et deux contre-torpilleurs.

La flotte *de la mer Noire* se compose de cinq cuirassés d'escadre — armés de soixante-deux canons — et de deux cuirassés circulaires à quatre canons de fort calibre. En fait de navires non cuirassés, on y compte : un croiseur de 1re classe; — dix croiseurs auxiliaires de la flotte volontaire

force du navire. L'expression permet, en tous cas, de comparer rationnellement des navires de même espèce.

En France, les cuirassés se classent en trois catégories. La première comprend les navires dont le déplacement excède 8,500 tonnes et l'épaisseur de cuirasse 0m 23; — la deuxième, les bâtiments d'un déplacement inférieur à 8,500 tonnes, mais d'une cuirasse épaisse de plus de 0m 20; — la troisième, tous autres cuirassés de haute mer.

Les gardes-côtes forment, en outre, une catégorie à part.

d'Odessa ; — six canonnières ; — deux avisos ; — deux croiseurs-torpilleurs ; — seize torpilleurs de haute mer ; — sept torpilleurs gardes-côtes ; — deux transports de torpilleurs et sept transports. Sont, en outre, en construction : un cuirassé d'escadre ; — un croiseur-torpilleur et dix croiseurs auxiliaires de la flotte volontaire d'Odessa.

Deux canonnières et cinq vapeurs — soit ensemble sept navires — composent la petite flotte *de la mer Caspienne.*

La flotte *de la Sibérie* est formée de quatre canonnières ; — deux torpilleurs de haute mer ; — six torpilleurs gardes-côtes ; — un transport et trois vapeurs. En construction : deux torpilleurs de haute mer.

Comme on l'a vu ci-dessus (1), les principaux ports militaires de la Russie sont : sur la Baltique, Ruotsinsalmi (*Kotha*), Kronstadt, Revel, Baltisch-Port, Riga, Libau ; — Sur la mer Noire, Nicolaïev, Sébastopol, Kertch, Poti, Batoum ; — sur le Pacifique, Vladivostok, etc.

Pour mesurer comparativement la puissance

(1) Voyez chapitre xv. — *Organisation défensive du territoire.*

du matériel flottant de la marine russe, on peut opérer suivant la méthode adoptée en France par notre Commission du budget de 1894. Le rapporteur s'est cru en droit d'admettre idéalement une *escadre-type* composée de : trois cuirassés d'escadre, deux croiseurs, un aviso-torpilleur et six torpilleurs. A cette escadre-type il a donné le nom d' « unité navale » ;

Cela posé, il croit pouvoir affirmer que la Russie sera, en 1894, forte de *neuf unités*. Il observe, en même temps, que l'Allemagne en possédera *cinq*; l'Angleterre, *vingt-deux*; — l'Autriche-Hongrie, *quatre*; — la France, *neuf*, comme la Russie; — enfin, l'Italie, *six*.

La Triple Alliance ne pourrait donc armer l'année prochaine que *quinze* de ces unités théoriques, tandis qu'une alliance Franco-Russe en compterait *dix-huit*, soit en plus *trois* unités ou, si l'on veut, neuf cuirassés d'escadre, six croiseurs, trois avisos-torpilleurs et dix-huit torpilleurs. Cette alliance éventuelle serait donc en bonne situation, à la condition toutefois que la perfide Albion, forte de *vingt-deux* unités, ne se mêlât point de nos affaires.

Ainsi que le soldat de l'armée de terre, dont nous avons ci-dessus (1) esquissé le portrait, le

(1) Voyez chapitre VI. — *Le Soldat russe*.

matelot russe peut être dit un serviteur modèle. Tolstoï a donc bien eu le droit d'admirer sans réticences l'héroïsme des canonniers-marins qui servaient les pièces en batterie sous les abris casematés de Sébastopol. « Observez bien, dit-« il (1), observez le visage de ces hommes, leur « prestance, leurs mouvements, et vous trouverez « dans les plis de ces figures hâlées, aux pom-« mettes saillantes, dans chaque muscle, dans la « largeur de ces épaules, dans l'épaisseur de ces « pieds chaussés de bottes énormes, dans cha-« que geste calme et assuré, les principaux élé-« ments de la force du russe : la simplicité et « l'obstination. Vous verrez aussi comme le dan-« ger, les misères, la souffrance ont imprimé « sur ces rudes visages l'expression d'une digni-« té sublime et celle d'un dévouement à toute « épreuve ».

A l'heure des plus grands dangers, les matelots russes demeurent impassibles. *Nitchévo !...* disent-ils alors avec le plus grand calme, *nitchévo !* « Ce n'est rien ! ». M. Déroulède n'a pas oublié cette expression topique qu'il a sans doute eu, plus d'une fois, l'occasion d'entendre. Aussi, en a-t-il fait le refrain de ses souhaits de bienvenue à Son Excellence l'amiral Avellan :

(1) *Souvenirs de Sébastopol.*

. . . .

Nitchévo !... ça n'y fait guère,
Nitchévo !... ça n'y fait rien.

La Russie tout entière, nous voulons dire toute la définition du caractère russe tient dans ce mot de trois syllabes. Très fatalistes, en effet, les slaves n'ont peur de rien, ne reculent devant rien.

Une entreprise est difficile... qu'est-ce que cela fait ? *Perod stoupaye !* (En avant, marche !) L'affaire ne va pas toute seule... elle entraîne des périls sans nombre... *Nitchévo !* « Ça ne fait rien !... »

Avec de telles devises, un grand peuple va loin.

Une anecdote à propos de ce « nitchévo » caractéristique :

Invité à prendre part à une partie de chasse impériale, le comte de Bismarck, alors ambassadeur de Prusse à Pétersbourg, se fit conduire au lieu du rendez-vous dans un traîneau conduit par un vieux moujik. Et, attendu qu'on était en retard, ledit moujik fouettait à tour de bras ses chevaux qui prenaient une allure fantastique, absolument inconnue à Berlin.

— Pas si vite ! ordonna le comte, un peu troublé.

— *Nitchévo*, répondit tranquillement le conducteur, en jouant du fouet de plus belle et redoublant tant ses claquements de langue.

— Mais va donc plus doucement, animal !... s'écria l'ambassadeur, légèrement inquiet... nous allons verser !...

— *Nitchévo, nitchévo* !...

. . . .

M. de Bismarck avait raison... on versa. Il fut projeté à terre sur la neige durcie et eut le nez assez endommagé.

L'ambassadeur se releva furieux et fut droit, canne haute sur le paysan... mais celui-ci esquiva prestement le coup et, ramassant une poignée de neige, fit mine de frotter le nez endolori, en répétant toujours son *Nitchévo, nitchévo* !...

Bis repetita placent. Cette antienne désarma l'irascible comte ... qui finit par éclater de rire.

Plus tard avec le fer de la canne, qui avait failli frapper un sujet du tsar, le chancelier de fer se fit fabriquer une bague portant en lettres d'or l'inscription : *Nitchévo*.

Assistons à la mort d'un de ces intrépides marins qui bravent insouciamment les projectiles de l'ennemi. « Cette fois, dit Tolstoï (1), le siffle-

(1) *Souvenirs de Sébastopol.*

« ment du coup de canon français est accompa-
« gné d'un gémissement humain... un homme
« est là gisant dans une boue sanglante... il a la
« poitrine arrachée !... Au premier, moment, son
« visage maculé de boue n'exprime que l'effare-
« ment et la sensation de la douleur... mais voici
« qu'on apporte un brancard. Il s'y étend lui-
« même... alors une expression d'exaltation
« contenue, une pensée sublime éclaire les traits
« de son visage. Les dents serrées, les yeux bril-
« lants, il lève la tête avec effort. Au moment
« où les brancardiers s'ébranlent, il les arrête
« et, s'adressant à ses camarades, dit d'une voix
« tremblante : *Adieu... pardon, mes frères !* Il
« voudrait parler encore... on voit qu'il cherche
« à leur dire quelque chose de touchant, mais il
« ne peut que répéter : *Adieu, mes frères !*

En vérité, la scène est émouvante.

L'effectif des équipages de la flotte est de trente-huit mille hommes sur le pied de paix mais cet effectif peut s'élever à cinquante mille dès le début des hostilités possibles et même, si besoin est, à un chiffre plus considérable.

Quant à l'état-major appelé à conduire ces excellents équipages, il comprend, en nombres ronds, cinquante-cinq amiraux, douze cents officiers de marine, cent officiers d'artillerie, deux cent cinquante pilotes ayant rang d'officier (1).

A la tête de la marine russe est placé, à titre de Grand-Amiral, S. A. I. le Grand-Duc Alexis Alexandrovitch, frère de l'Empereur.

Le texte du rescrit récemment adressé au Grand-Amiral par S. M. Alexandre III — à l'occasion de l'inauguration du port militaire de Libau sur la côte de Courlande (2) — ce texte comporte une juste appréciation des mérites de la flotte, car il consacre en termes parfaits la gloire acquise par les marins russes à Tchesmé, à Navarin (3) et à Pétropavloski.

(1) A ces chiffres il faut ajouter ceux qui se rapportent au personnel des corps auxiliaires : ingénieurs des constructions navales, mécaniciens, ingénieurs du service hydraulique, aumôniers et médecins. Au total, six cent cinquante officiers de tous grades.

(2) Voyez ci-dessus chapitre XIV. — *Organisation défensive du territoire.*

(3) La bataille de Navarin a fait, il y a quelques années, l'objet d'une étude spéciale du général Bogdanovitch. L'auteur a dédié son ouvrage à la marine et à l'armée française. Voici le texte de cette aimable dédicace :

« Puisse la généreuse nation française — et, particulièrement,
« sa brillante marine et sa belle armée — accepter l'hommage
« de *La bataille de Navarin*, où le sang russe a coulé, mêlé au
« sang français, comme l'expression des sentiments qui animent
« et animeront toujours l'armée russe.

« Ce livre est offert à l'armée française par un frère d'armes
« et un ami dévoué.

« Paris, janvier 1887.

« Général EUGÈNE BOGDANOVITCH. »

Tout le monde sait l'histoire de ces hauts faits. Ce qui est moins connu, ce sont les exploits torpédiques des marins russes. Or ce sont eux qui, les premiers en Europe, ont fait bon usage de la torpille au cours d'une opération maritime.

Jetons un simple coup d'œil sur les événements de la guerre de 1854-1855.

Le 8 juin 1855, vers midi, notre vapeur *Merlin*, à bord duquel se trouvaient l'amiral Renaud, l'amiral Dundas et plusieurs capitaines anglais et français, appareillait pour se diriger vers Kronstadt.

Il était accompagné du *Dragon*, du *Firefly* et du *d'Assas*.

Ayant opéré leur reconnaissance, les amiraux donnent le signal de la retraite et le *Merlin* vire de bord.

« A peine avions nous fait quelques encâblures, rapporte un témoin de l'événement, que nous ressentons une violente secousse, accompagnée d'une détonation sourde. Notre navire, comme ébranlé par un typhon ou tremblement sous-marin, se cabre et semble vouloir s'engloutir dans l'abîme entr'ouvert sous sa quille... un instant après, surviennent une autre détonation et une nouvelle secousse, plus fortes que les premières.

« Le *Firefly*, qui se trouvait près du *Merlin*, subissait, en même temps que nous, une semblable épreuve. Nous l'avons vu faire un saut de carpe... chacun de nous a cru qu'il allait sombrer.

. . . .

« N'ayant cependant aucun mal, les deux navires purent reprendre leur route.

« A bord du *Merlin*, nous avons eu peu de dégâts; l'explosion n'a endommagé que quelques feuilles du doublage, mais la commotion a été des plus rudes. La « vaisselle » des mécaniciens est en morceaux... une énorme caisse de suif, du poids de 300 kilogrammes, a été enlevée comme une plume... nous l'avons vu bondir comme une balle!... »

A quelques jours de là, un autre navire à vapeur eut ses pales brisées du fait d'une explosion pareille, et les anglo-français eurent la chance de ne pas être détruits, car les ingénieurs de la marine russe avaient garni les abords de Sveaborg et de Kronstadt de quantité de torpilles du type dit « Jacobi ».

Ils avaient semé de fourneaux submergés, non seulement les eaux de la Baltique, mais aussi celles de la mer Noire. Leurs torpilles, encore primitives — car il y a tantôt quarante ans de cela ! — ne s'enflammaient pas uniquement par le moyen d'un allumeur chimique ; ils se servaient déjà de l'électricité (1).

Nous allons voir, en 1877-78, les marins russes faire usage de ces *bateaux-torpilles* qui, perfectionnés depuis lors, sont dits aujourd'hui *torpilleurs*.

C'est dans la nuit du 12 au 13 mai 1877 qu'ils entamèrent contre les turcs leurs opérations torpédiques, et c'est dans les eaux de la mer Noire que se passa la première scène.

Le *Veliki Kniaz Konstantin*, grand steamer à hélice en fer, de cent cinquante hommes d'équipage commandés par le lieutenant de vaisseau Makarov, avait été aménagé de façon à pouvoir loger sous ses bossoirs quatre petites chaloupes ayant noms : *Tchesmé*, *Sinope*, *Navarin* et *Soukhoum-Kaleh*.

Le *Konstantin* quitta, dans la soirée du 10 mai,

(1) Les alliés purent s'en convaincre le jour où ils trouvèrent à Ieni-Kaleh les magasins et ateliers dans lesquels les russes préparaient leurs défenses sous-marines.

L'explosion de leurs torpilles n'eurent pas alors dans le monde militaire un grand retentissement. On ne vit en ces nouveaux engins de guerre que des défenses accessoires d'une puissance médiocre. *It is a most prowerful auxiliary to harbour defence*, disaient les marins anglais qui ne se rendaient encore aucun compte exact de la valeur des agents torpédiques. Depuis lors, leurs idées se sont singulièrement modifiées à cet égard ; ils reconnaissent sans difficulté que, dès 1855, les ingénieurs de la marine russe étaient parfaitement dans le vrai.

le mouillage de Sébastopol, fit escale à Poti sur la côte du Caucase et, de là, mit le cap sur Batoum.

On savait que cette rade abritait alors plusieurs navires ottomans, parmi lesquels se trouvaient des cuirassés.

Le lieutenant de vaisseau Makarov était dans les eaux de Batoum le 12 mai, vers dix heures du soir. Incontinent, il fit mettre à la mer ses quatre chaloupes à marche rapide. La *Sinope*, le *Soukhoum-Kaleh* et le *Navarin* étaient munis de torpilles électriques *portées* à bout d'espar; la *Tchesmé*, commandée par le lieutenant Zatzarennyi, était armée d'une torpille *remorquée*.

La nuit était fort sombre.

Ayant une assez grande distance à parcourir, les quatre embarcations perdirent, en marchant, leur ordre de bataille. La *Tchesmé* entra la première en rade et, sans attendre les autres chaloupes, résolut d'attaquer l'ennemi. Elle accosta un grand vapeur à roues, faisant office de stationnaire, et parvint à lui loger sa torpille sous la poupe... mais, les fils de l'appareil s'étant malencontreusement engagés dans les œuvres vives de l'adversaire, l'explosion ne put se produire.

Cependant l'alerte était donnée en rade, et la situation devenait critique... les embarcations russes durent reprendre le large.

Cette infructueuse tentative allait être suivie d'un succès éclatant.

La deuxième agression des torpilleurs russes eut lieu dans la nuit du 25 au 26 mai 1877. Plusieurs navires turcs étaient alors mouillés dans le bras du Danube qui porte le nom de « Matchin », un peu en aval de ce centre de population. C'étaient le *Feth-oul-Islâm*, monitor à tourelles ; — le *Douba-Séïfi*, autre monitor également à tourelles, armé de deux canons de 12 centimètres et d'une soixantaine d'hommes d'équipage, officiers compris ; — enfin, le simple vapeur *Kilidj-Ali*.

La flottille d'attaque fut formée de quatre chaloupes à vapeur : le *Cesarevitch*, de quatorze hommes d'équipage commandés par le lieutenant de vaisseau Dubazov ; — la *Xénia*, neuf hommes d'équipage sous les ordres du lieutenant de vaisseau Shestakov ; — le *Djigit*, huit hommes conduits par l'aspirant Persine ; — enfin, la *Cesarevna*, neuf hommes d'équipage avec l'aspirant Ball. Telles sont les forces minimes — quarante matelots ! — qui, sous les ordres de quelques officiers intrépides, sortirent de Braïlov dans le but de faire sauter les monitors de l'ennemi.

Nous ne saurions exposer le tableau de cette

opération mieux qu'en donnant ici quelques extraits du rapport de M. Dubasov :

« J'avais, dit cet officier de marine, donné les instructions suivantes : En entrant dans le bras de Matchin, les quatre embarcations placées sous mes ordres se formeront en ligne de file — le *Cesarevitch* en tête : ensuite, la *Xénia;* puis, le *Djigit;* enfin, la *Cesarevna.* La flottille torpédique glissera ainsi le long de la rive du Danube et ralentira sa marche quand elle sera arrivée en vue de l'ennemi. Alors, elle se dirigera vers le milieu du fleuve sur deux lignes, le *Cesarevitch* et la *Xénia* en tête de colonne. Depuis le moment de l'entrée dans le bras de Matchin jusqu'à celui de l'attaque, on modérera la vitesse à l'effet d'atténuer, le plus possible, le bruit du sillage et celui du jeu des machines. En approchant de l'adversaire, on prendra la vitesse *maximum.* . . . . .

« J'attaquerai, suivi de près par Shestakov ; Persine se tiendra prêt à nous porter secours, en cas de besoin ; Ball restera en réserve.

« Si le premier navire attaqué par moi est détruit, Shestakov se portera sur le deuxième navire ; Persine appuyera cette attaque ; Ball se tiendra prêt à les secourir ; et moi, je demeurerai en réserve.

« Enfin, si cette deuxième attaque est également couronnée de succès, Persine attaquera le troisième navire turc ; Ball appuyera ; je me tiendrai prêt à les soutenir et Shestakov formera réserve. »

On voit que la préparation de l'entreprise s'était inspirée de l'esprit le plus sage.

Voici le récit de l'action :

« La nuit était voilée de nuages mais non absolument obscure, à raison des effets d'un beau clair de lune. Il soufflait du nord-ouest une jolie brise qui portait à l'ennemi des nouvelles de notre marche en avant. Néanmoins — à part le *Cesarevitch* — la flotille s'avança sans bruit...

. . . .

« Je donnai à Shestakov l'ordre de me suivre et je me dirigeai sur le monitor le plus proche, lequel se trouvait à environ 130 mètres de moi...

. . . .

« Malgré le bruit de notre marche, nous ne fûmes hélés par les sentinelles turques qu'après avoir franchi la moitié de cette distance. Au factionnaire qui m'interpella je fis une réponse que je croyais régulière mais j'ai, depuis lors, appris qu'elle ne l'était point ; que le fait de mon erreur avait, à l'instant, donné l'éveil à nos adversaires. Les servants des pièces d'artillerie, qui couchaient sur le pont, furent debout au premier coup de fusil du factionnaire.

. . . .

« Le monitor turc que j'avais visé était sous vapeur. Ses bouches à feu en batterie sur l'arrière pouvaient nous faire le plus grand mal... je résolus, en conséquence, de l'attaquer *par l'arrière* pour le priver de ses moyens de propulsion.

« Mes prévisions se réalisèrent.

« A notre approche, une pièce turque ouvrit le feu... trois projectiles nous furent envoyés, mais ne produisirent heureusement aucun effet... avant que le quatrième coup pût être tiré, j'accostais le navire à bâbord...

« Je le frappai d'un coup d'espar entre le centre et l'arrière, un peu en avant de l'étambot...

. . . .

« L'eau se souleva contre les flancs du monitor, et mon *Cesarevitch* embarqua à couler...

. . . .

« A ce moment, bien qu'à demi submergé, le monitor rouvrait son feu. Je donnai à Shestakov l'ordre de lui porter un second coup d'espar. Marchant droit à l'ennemi, ce brave officier alla le toucher un peu en arrière de la tourelle, juste à l'instant où celle-ci nous envoyait son second projectile... il l'atteignit sous la quille, à six mètres environ de l'étrave.

. . . .

« Comme la première fois, l'effet de l'explosion fut terrible, ainsi qu'on put en juger à l'aspect des débris de mobilier des cabines qui, projetés haut en l'air, retombèrent sur la *Xénia*...

. . . .

« Alors, n'ayant plus de coups de canon à tirer, les gens de l'équipage du monitor blessé prirent leurs fusils et nous envoyèrent une grêle de balles.

. . . .

« Shestakov et moi, nous ne nous dégagions pas aussi vite que nous l'eussions voulu. L'hélice de la *Xénia* était prise dans les débris du navire turc... mon embarcation était tellement pleine d'eau, et ma pompe à vapeur si bien hors de service que je dus atteler tous mes hommes à la manœuvre des seaux. »

. . . .

Le navire attaqué — c'était le *Douba-Seïfi* — coula en moins de dix minutes.

Il était alors trois heures du matin.

L'aube du jour apparaissait, le lieutenant de vaisseau Dubasov ordonna la retraite, au grand désespoir des commandants du *Djigit* et de la *Cesarevna* qui voulaient, à tout prix, attaquer les deux autres navires ottomans. Mais jusqu'alors le succès était sans mélange... on n'avait pas eu un homme tué; pas un blessé!... Pousser plus loin avant l'audacieuse entreprise, c'eût été tenter le diable!... c'eût été s'exposer, de gaieté de cœur, à sacrifier d'héroïques matelots qui avaient bien le droit de vivre encore et de s'entendre appeler des braves.

On s'éloigna.

Durant cette retraite, les deux autres navires turcs tentèrent de tirer vengeance du désastre essuyé par leur compagnon d'escadre. Ils couvrirent de leurs feux les quatre petites embarcations qui s'effaçaient au loin dans la brume matinale, ainsi que des alcyons du Bosphore. Puis tous les bruits cessèrent... on n'entendit plus que les grenouilles du Danube reprenant, plus bruyamment que jamais, le concert, un moment interrompu, de leurs coassements insipides.

Nous pourrions relater en détail nombre d'actions de vigueur analogues au combat de Matchin — comme celles de Soulina, de Routschouk et d'Olti sur le Danube; de Soukhoum et de Batoum sur la mer Noire — mais il suffit d'avoir indiqué combien, en 1877-78, les marins russes étaient déjà experts en l'art de la guerre torpédique.

Il est, d'ailleurs, temps de conclure et notre conclusion sera simple.

Ainsi que l'armée de terre, la marine impériale demeure fidèle à ses traditions, tout en marchant et progressant avec une rapidité merveilleuse. Les officiers ont sous leurs ordres de valeureux matelots, et nous nous plaisons à répéter ce que, aux derniers jours du dix-huitième siècle, on disait de ces « fiers guerriers de la « Russie ».

. . . .

Redoutables dans les combats,
Grands, généreux, pleins de vaillance,
A ce titre ne sont-ils pas
Les meilleurs amis de la France ? (1)

(2) Fragment d'une chanson composée en l'honneur des Russes en décembre 1800 — Voy. le *Figaro* numéro du 11 octobre 1893.

XVIII

Kronstadt — Moscou — Toulon.

De ce qu'on vient de lire il appert que la Russie est dotée d'une puissance militaire de premier ordre et que, s'il se contracte une union entre l'Empire des Tsars et la République française, celle-ci aura fait un beau mariage.

Oui, l'épée de la Russie pèse d'un grand poids sur l'un ou l'autre — à volonté — des plateaux de la balance qui sert à apprécier l'état de ce qu'on est convenu d'appeler l' « équilibre européen ». La situation d'un État est bonne ou mauvaise selon qu'en a décidé l'Aigle russe.

Voyez l'Autriche!... Elle n'est sortie de ses douloureuses épreuves de 1809 que grâce à l'appui d'Alexandre Ier. Plus tard, en 1848, c'est encore la Russie qui, fidèle à ses amitiés, a aidé cette même Autriche à réprimer l'insurrection hongroise. Mais il était dit que le gouvernement des Hapsbourg devait « étonner le monde par son ingratitude » (1). Au cours de la guerre de Crimée, ce malheureux gouvernement fit la folie de prendre vis-à-vis de l'Aigle russe une attitude des plus menaçantes.

Cette insigne maladresse devait lui coûter cher. Tandis qu'elle commettait une faute lourde, sa bonne commère la Prusse envoyait à Pétersbourg M. de Bismarck en qualité d'ambassadeur. L'illustre diplomate eut alors le talent de se ménager la bienveillance de l'empereur de Russie et de le gagner à la cause de son pays. Qu'advint-il de là dans la suite?... Que, au lendemain de la journée de Sadowa, l'infortunée Autriche fut jetée hors de la Confédération.

C'est que l'Aigle impériale russe n'a pas toujours besoin d'agir *unguibus et rostris*, de combattre avec becs et ongles. Pour atteindre le but qu'Elle vise, il lui suffit de ployer ses ailes, de s'abstenir momentanément de toute ingérence dans les affaires du Continent, de garder avec calme une immobilité imposante. Elle a conscience de sa force; Elle sait que, sans sa permission expresse, personne en Europe ne peut tirer un coup de canon. C'est là un fait irrécusable, que l'Autriche a pu constater à ses dépens en 1866, et

(1) Le mot est du prince de Schwartzenberg, chancelier de l'Empire.

dont nous — les vaincus de 1871 — avons été forcés de reconnaître la douloureuse réalité.

Jamais la Prusse n'eût pu nous démembrer, nous voler sans vergogne l'Alsace et la Lorraine; jamais elle n'eût osé compromettre la stabilité de l'équilibre européen sans le consentement tacite de la Russie. La preuve en est que, lorsque en 1875, elle a voulu nous attaquer de rechef, il a suffi à l'empereur Alexandre II de lui notifier un *nec plus ultrà,* d'opposer un *veto* absolu à la mise à exécution des desseins ténébreux de M. de Bismarck.

Donc l'amitié de la Russie est d'un prix inestimable pour qui sait la gagner et la garder comme l'avare garde son trésor (1).

Mais il faut bien s'entendre. Le fait de la venue d'une escadre russe à Toulon ne saurait être pris pour autre chose que ce qu'il est, une démonstration essentiellement pacifique. Il nous semble évident que toutes les relations à établir entre Pétersbourg et Paris doivent avoir en vue le maintien de la paix, et non un point de départ

(1) La bienveillance de l'Empereur de Russie « est subordonnée à cette condition que la République restera conservatrice, toujours pacifique aussi longtemps qu'elle le pourra et « que l'exigeront ses intérêts et ceux des nations amies. » (Lettre du général Le Flô, en date du 18 mars 1876).

en guerre. S'il nous était permis de sonder la pensée de l'empereur Alexandre III, nous dirions que Sa Majesté Impériale a voulu simplement apprendre à qui de droit que, dans l'hypothèse d'une *action défensive* indispensable, l'Aigle russe ouvrirait ses ailes en regard du drapeau tricolore de la France, mais qu'Elle les garderait ployées au cas d'une *action offensive*, dont la nécessité n'aurait pas été démontrée par des événements de force majeure.

Voilà, à notre humble avis, le sens de la trilogie *Kronstadt-Moscou-Toulon*. Ce sont là les trois actes d'une éclatante manifestation de l'esprit pacifique qui anime S. M. Alexandre III.

Si telle était, en effet, la pensée de l'Empereur, nous serions tenus de garder une attitude témoignant de notre ferme intention de ne point dépasser les limites tracées par un Souverain dont les volontés ont besoin d'être respectées en France aussi bien qu'en Russie.

Quelques esprits chagrins expriment la crainte qu'aucune union solide ne puisse se contracter entre deux peuples que séparent de graves dissidences d'opinions en matière de foi religieuse et politique.

L'objection n'est pas sérieuse.

Jamais, en effet, une différence de cultes n'a

fait obstacle à la conclusion des alliances commandées par une évidente communauté d'intérêts. D'ailleurs, la Russie orthodoxe est chrétienne — schismatique si l'on veut, mais chrétienne.

La religion grecque est plus près du catholicisme que ne le sont toutes les sectes protestantes.

Passons.

La divergence des formes gouvernementales ne saurait pas davantage empêcher des rapprochements voulus par la nature des relations internationales. « La République française, disait « le général Le Flô (1), n'a rien qui effraye les « hommes d'État de la Russie ni la nation elle-« même, ou qui leur soit antipathique. »

Un certain nombre de nos compatriotes — citoyens intelligents mais outrageusement timorés — exposent qu'il serait dangereux pour nous de contracter alliance avec une puissance dont l'ambition déréglée ne connaît point de bornes, dont les désirs d'agrandissement ne seront jamais assouvis. Voyez seulement, objectent-ils, voyez cette effrayante Aigle impériale!... D'une serre

(1) Lettre du général Le Flô, ambassadeur de France à Pétersbourg, en date du 18 mars 1876.

elle brandit un sceptre menaçant; de l'autre, elle tient le vieux globe héraldique. Est-il possible d'imaginer un symbole plus significatif? Les russes convoitent le sphéroïde terrestre en son entier; ils veulent asseoir leur domination sur toutes les parties du monde. Oui, les cinq parties du monde, voilà ce dont ils comptent faire un jour l'Empire des Tsars. Donc nous vous signalons un danger redoutable, un danger qui grandit sans cesse, lentement mais sûrement. Il n'est pas nécessaire d'avoir longtemps étudié les conditions dans lesquelles se trouve placée l'Europe, de s'être livré à de longues méditations pour voir que, grâce aux compétitions qui travaillent et divisent les peuples occidentaux, la Russie fera, un jour ou l'autre, main basse sur Constantinople. Ce jour venu, elle étreindra l'occident tout entier. Protégée sur ses flancs par la Méditerranée et la Baltique, certaine de ne pas être tournée sur ses derrières, elle marchera sur nous tout droit et à grands pas. Disposant à son gré de tous les marins des îles de l'Archipel, elle aura vite fait de prendre pied sur les côtes de l'Adriatique. Qu'elle ait alors un tsar entreprenant, que se passera-t-il? Comment, désunis comme ils le sont, les autres peuples européens résisteront-ils à la formidable poussée de la race slave?

Ce sont là, croyons-nous, des craintes chimériques. La Russie n'a pas ces appétits violents, cette ambition désordonnée qu'on lui prête. En toute sincérité, l'empereur Alexandre Ier a pu dire autrefois aux membres du Congrès de Vienne: « Qu'ai-je besoin d'accroître l'étendue de mon Empire? La Providence n'a pas mis sous mes ordres huit cent mille hommes de troupes pour satisfaire mon ambition, mais pour protéger la religion, la morale et la justice, pour faire prévaloir les principes d'ordre sur la base desquels sont établies les institutions des sociétés humaines. »

Il n'existe que dans leur imagination, ce « péril russe » que des innocents s'évertuent à nous faire toucher du doigt. Mais il est bien d'autres dangers auxquels il faut parer d'urgence. Envisageons d'abord le « péril allemand. »

Il s'est, tout récemment, soulevé en Europe d'étranges questions d'alliance. On y a — chose inattendue! — parlé d'une évolution de notre politique nationale dans le sens d'un rapprochement avec l'Allemagne.

Ce beau projet est bien de nature à nous faire dresser l'oreille.

Observons tout de suite que la réalisation de cette combinaison étonnante donnerait satisfaction aux désirs mal dissimulés de nos voisins de l'Est. « Avant Sadowa, disait M. Haussmann, une « alliance avec la France était désirée par la « Prusse. Je n'en sais rien, mais... j'en suis « sûr. »

Et M. de Bismarck aussi en est sûr.

Au lendemain même de la guerre 1870-71, nos voisins, brutalement naïfs, ne craignaient pas de nous faire dans ce sens des avances extrêmement mielleuses. Ils osaient nous tendre la main!...

De telles invites ne nous ont jamais dit rien qui vaille.

Cependant il est — chose inouïe! — d'aucuns de nos compatriotes qui ne seraient pas trop éloignés de l'idée d'accéder à des demandes hypocritement formulées, et de serrer cette main encore ensanglantée que nous tendent les allemands. « L'alliance des deux pays, a écrit le colonel Stoffel, cette alliance — si elle portait de part et d'autre le caractère d'une entière sincérité — marquerait peut-être l'origine d'une ère de réconciliation entre deux races qui n'ont cessé, pendant plus de vingt-cinq siècles, de se jalouser et de se combattre. En tout cas, on n'en aurait jamais vue de plus puissante et de plus féconde.

Deux grands peuples, forts l'un et l'autre par leur génie propre, par leur civilisation et par leurs armées, établis en une agglomération de quatre-vingt millions d'âmes dans la partie centrale de l'Europe, depuis la Vistule jusqu'à l'Océan, garantiraient, presqu'à coup sûr, la paix générale. Au lieu de vivre dans une agitation continuelle et d'épuiser ses finances en frais d'armement, l'Europe, s'adonnant à sa mission civilisatrice, pourrait inaugurer une période de tranquillité, de progrès et de travaux productifs. »

Cela, c'est une opinion — que partage M. Barthélemy Saint-Hilaire — et toutes les opinions sont respectables.

Respectables, oui... mais à la condition que les germanophiles veuillent bien user de procédés courtois envers ceux qui professent une opinion diamétralement opposée à la leur (1).

Or, à propos de l'éventualité d'une lutte à main armée entre la Russie et l'occident de l'Europe, le colonel Stoffel prétend que ce serait là une « guerre de la civilisation contre la *barbarie.* » Et, alors qu'il prend ouvertement parti pour

(1) Le *Journal des Débats* s'est fait, en termes très nets, l'interprète de ceux qui professent cette opinion contraire ! « Quand même, dit-il, nos frères d'Alsace et de Lorraine seraient délivrés du cruel régime que leur a imposé la conquête, quand même ils n'auraient jamais été séparés de nous, l'idée d'une alliance entre la France et l'Allemagne CONTRE LA RUSSIE serait une idée à repousser avec énergie, une idée contraire aux sentiments, aux traditions, à tous les intérêts de notre pays. Elle a eu ses partisans en d'autres temps; elle a été populaire parmi les écrivains et les orateurs d'une certaine école. Jamais les gouvernements français doués de quelqu'intelligence ne se la sont appropriée, ne l'ont adoptée comme principe de leur action extérieure. »

la Triple Alliance, M. Barthélemy Saint-Hilaire parle également en termes peu mesurés de la *barbarie slave*.

Traiter de « barbare » une race qui a toujours témoigné de sa prédilection pour la civilisation française, c'est de l'ingratitude. M. Barthélemy Saint-Hilaire a eu la fâcheuse idée de faire l'éloge de ces prussiens qui ont démembré la France, et d'offenser gravement un peuple qui nous a plusieurs fois sauvés. Il a oublié que, seuls en Europe, des slaves (1) ont eu le courage de protester officiellement, en 1870, contre l'annexion de l'Alsace à l'Allemagne. Il oublie que, durant dix années comptées à partir de la journée de Sedan, c'est l'attitude d'une puissance slave — la Russie — qui nous a préservés d'une extermination complète. Plût à Dieu que, en 1870, la « barbarie slave », oubliant ses griefs et nos erreurs, nous eût protégés contre la *civilisation allemande*, acharnée à son œuvre de destruction farouche ! Paris n'eût pas été criblé de projectiles (2).

L'alliance russe peut seule nous préserver d'un retour de malheurs pareils.

(1) Les Tchèques.

(2) Douze mille obus sont tombés sur Paris. On y a compté 1400 maisons endommagées ; — 50 incendies ; — 400 personnes tuées ou blessées. Tel est le bilan du bombardement de janvier 1871.

Il est à l'horizon d'autres points assez noirs.

Puisqu'on parle d'« étreintes », il est facile de voir que l'Europe est *étreinte*, non par la Russie qui frôle seulement la partie orientale de l'Allemagne et de l'Autriche, mais bien par l'Angleterre dont la chaîne de stations militaires enserre le continent européen. Partout, sur le pourtour de ce continent ou, plus exactement, sur toute la surface du globe, elle a ses approvisionnements de houille parfaitement assurés. Où sont ceux de la Russie, où sont ceux de la France ?

L'Europe, le monde entier sont menacés d'un grand péril — le « péril anglais ». Comment conjurer l'effet de ces menaces perpétuelles?

Il n'y a qu'un moyen.

Sur l'Aigle impériale russe une scène mystique est frappée « en abyme. » Regardez bien l'écusson!... vous y distinguerez une figure de cavalier transperçant de sa lance un dragon passablement hideux. Le monstre ne symbolise-t-il point l'égoïste Albion ? S'il en est ainsi, comme d'aucuns le prétendent, il nous faut invoquer l'aide de cette Aigle russe aux deux becs lampassés, dont l'un se profile dans la direction de l'Extrême-Orient. Là se trouve un peuple dont les armes sont accompagnées de l'arrogante devise : « Dieu et mon droit ».

Le droit de dominer le monde!

« La France et la Russie, a dit le général « Bogdanovitch (1), doivent se considérer comme « des amies, comme des alliées sincères. Mar- « chant d'accord, elles peuvent et elles doivent « — malgré de perfides efforts — assurer et « maintenir la paix et la tranquillité en Europe. »
On ne saurait mieux dire.

N'est-elle devenue intolérable, la situation de cette malheureuse Europe qui entretient aujourd'hui, sur *le pied de paix*, UN MILLION d'hommes de plus qu'avant l'année terrible (2)? Ses effectifs *de guerre* excèdent maintenant de près de SIX MILLIONS d'hommes les effectifs correspondants de l'Exercice 1869 (3). Depuis cette époque, ses dépenses militaires (Guerre et Marine) se sont accrues de plus de DEUX MILLIARDS par an (4)! Oui, nous disons bien deux milliards, soit deux mille millions de francs!... Voilà ce que coûte annuellement à l'Europe, DE

(1) *La Bataille de Navarin*, Préface. — Paris, janvier 1887.

(2) Exactemment, 1,045,000 hommes. — Il y en avait en 1892, 3,240,000 sous les drapeaux des diverses puissances; en 1869, 2,195,000 seulement.

(3) Exactement, 5,606,000. — On compte, en effet, actuellement 12,564,400 européens immédiatement disponibles dès le premier jour de la mobilisation. Il n'y en avait, en 1869, que 6,958,000.

(4) Exactement, 2,068,031,106 francs — Le total des dépenses militaires n'était, en effet, avant la guerre que de 2,905,670,376 fr.; il s'élève aujourd'hui à 4,973,701,482 francs!

PLUS QU'EN 1869, la funeste adoption du système de la « paix armée ». Et ce n'est pas tout, car dans ces calculs il est impossible de faire entrer en ligne de compte la valeur des pertes, ou plutôt celle des « manques à gagner » provenant de l'absence des hommes tenus sous les drapeaux, et dont les bras font défaut à la prospérité de l'industrie nationale.

Admettons seulement, si l'on veut, un accroissement de dépenses de deux milliards par an (1) mais emparons-nous de ce chiffre et disons : depuis tantôt vingt-trois ans que dure cette situation, l'Europe a, pour avoir la paix, payé *quarante-six milliards*, soit *quarante-six mille millions de francs*.

Est-ce que cela peut continuer ainsi ?

Et, tandis que nous nous ruinons, l'Amérique, qui n'a qu'une armée permanente réduite à la plus simple expression, l'Amérique fait des économies superbes et accumule des monceaux de dollars. Elle aura bientôt, si l'on n'y prend garde, l'hégémonie du marché du monde.

(1) Il est essentiel d'observer que de toutes les puissances de l'Europe c'est l'Angleterre qui souffre le moins de cet état de choses. L'augmentation se répartit très inégalement de la façon suivante, savoir : 137 0[0 pour l'Allemagne, 92 0[0 pour l'Italie, 85 0[0 pour l'Autriche, 79 0[0 pour la Russie, 62 0[0 pour la France, 37 0[0 pour l'Angleterre.

Ainsi, bien que n'entretenant qu'une armée minime, la maligne Albion a l'audacieuse prétention de faire la loi au monde.

Il nous faut donc encore conjurer ce péril, le « péril américain » et, pour ce faire, l'aide de la Russie nous est indispensable.

Ce n'est pas tout encore. On peut voir poindre au loin des signes précurseurs d'invasions effroyables. Qu'on ne croie pas, dit le marquis de Saint-Yves (1) que les armements de notre civilisation, que nos modernes moyens de guerre nous soient exclusivement acquis. Ils se prêtent, le mieux du monde, aussi bien au tempérament discipliné des races asiatiques qu'aux mouvements par masses profondes dont ces races sont coutumières, dès qu'un despote énergique les concentre, les soulève et sait les entraîner. Ce n'est pas un million, mais vingt millions d'hommes armés à l'européenne que les efforts combinés des peuples de l'Asie peuvent, à un moment donné, lancer sur l'Europe divisée contre elle-même. Reprenant instinctivement sa route ordinaire, le déluge humain peut inonder de nouveau l'Occident et tout balayer sur son passage.

Les leçons du passé sont là.

En l'an 93 de notre ère, les armées chinoises poussent leurs avant-postes jusqu'aux régions orientales du Caucase. En 126, des officiers d'état-major chinois parcourent les contrées riveraines

(1) *Mission de Souverains.*

de la Caspienne. Au treizième siècle, les Tatars-Mongols entreprennent la conquête du monde occidental. Gengis-Khan, leur grand chef, déclare à qui veut l'entendre que « la terre ne doit avoir qu'un maître, puisque le ciel n'a qu'un soleil. » Suivant ce principe, le grand guerrier asiatique saute d'un bond sur la chrétienté. La bataille de Kolomna, perdue ; — Moscou brûlée ; — Vladimir emportée d'assaut ; — l'évêque Mitrophane, les princes et princesses dévorés par les flammes dans la cathédrale de la ville ; — Sousdal, Rostov, Yaroslav, quatorze villes, mille villages incendiés ; — Georges II, vaincu sur la Sita, décapité ; — Vassilko, son neveu, égorgé ; — Tver, Torjok, prises de vive force et leurs populations, fauchées ; — Kozetsk rasée, son peuple anéanti, son jeune prince Vassili littéralement noyé dans le sang !... Voilà quelques traits caractéristiques de la violence de ces trombes humaines, de ces déluges asiatiques.

Les farouches conquérants étaient arrivés en Hongrie quand la mort de leur grand chef leur fit rebrousser chemin vers l'orient. On se demande si, sans cette circonstance providentielle, l'occident germano-latin eût opposé aux envahisseurs une résistance plus énergique que celle des slaves orthodoxes.

Peut-on dire qu'elle soit prévoyante, cette politique européenne qui, pour des raisons méprisables, va violenter la vieille Chine jusque dans son sommeil ? Que penser de ces États-Désunis d'Europe dont la concurrence mercantile livre à l'Empire du Milieu du matériel de guerre et de bons instructeurs ? Ces malheureux États seront les premiers auxiliaires des envahisseurs et, à certains indices, il est possible de prévoir que l'invasion se produira dans un avenir relativement prochain (1).

En face de ces sinistres perspectives, une dernière lueur d'espoir est là qui brille encore. La Russie peut opposer une digue infranchissable au débordement fatal des peuples de l'Extrême Orient.

Qu'on se rassure, l'Empire des Tsars ne menace point l'Europe. Le « péril russe » n'est qu'un vain mot ; c'est au « péril chinois » qu'il faut songer. Nul ne saurait le conjurer mieux que l'Empereur de toutes les Russies. C'est lui, ce Souverain, qui sera notre sauveur... C'est à lui que l'occident menacé doit réciter son *in manus*.

(1) Sur certains éventails que les dignitaires du Céleste-Empire offrent, à titre de souvenir, à des personnages de grande marque on lit ces mots : « Ordre aux soldats chinois qui s'empareront de « cette ville de respecter la maison dans laquelle ils trouveront « cet éventail. »